un four, une plaque de cuisson et un micro-ondes. Il y a une table ave[...] mangeons pendant le reste de la semaine.

La chambre de mes parents a une fenêtre qui donne sur la rue. Les mu[...]eus et il y a un lit double et deux armoires où ils mettent tous leurs vêtements. Mes parents ont leur propre salle de bains. Ma chambre est à l'arrière de la maison et ma fenêtre donne sur un parc. J'adore ma chambre, car c'est mon espace personnel. J'ai mon ordinateur dans ma chambre et je peux regarder des films, faire mes devoirs et jouer à des jeux vidéo. Mon frère, Marcel, a la chambre d'à côté, mais je n'ai pas le droit d'y aller ! Ensuite, il y a une autre petite chambre que ma mère utilise comme bureau, car elle travaille à la maison trois jours par semaine. Je partage la salle de bains principale avec Marcel. C'est une salle de bains ordinaire avec une baignoire, une douche et un lavabo.

Trouvez dans le texte les synonymes des mots suivants. Écrivez les mots dans le tableau.

chez nous	dans notre logement
la salle de séjour	
l'équipement électroménager	
le frigo	
le lave-linge	
mon endroit	
mon travail scolaire	
leurs habits	

Top tip

When you write, try to think about replacing some of the most common nouns with an alternative. This simple trick can help you produce more varied and interesting writing.

◆ **Writing task**

Write a description of your home, using some varied and interesting vocabulary.

1.2 My school

Learning objective	Using the gender of nouns to help you
Grammar	Gender of nouns

It is important to know if a word is masculine or feminine. There are some rules to help you recognise the gender of a noun. For instance, nouns ending in *-tion* and *-té* are feminine; nouns ending in *-isme* and *-ment* are masculine. However, sometimes there is no way of telling; you just have to learn the gender when you learn a new word. Knowing the gender of nouns will help you in all skills.

Where do I start?

Dans chaque phrase, il y a une erreur de genre. Récrivez la phrase en changeant le genre.

Ex.: Ma collège est loin de chez moi. → **Mon collège est loin de chez moi.**

1 Je n'aime pas les maths, mais j'adore le biologie.

   ....

2 La bâtiment principal est très vieux mais la piscine est neuve.

   ....

3 Mon matière préférée, c'est l'allemand.

   ....

4 Je pense que mon journée scolaire est très fatigante mais j'aime mon emploi du temps.

   ....

◆ Listening task

Écoutez l'enregistrement et choisissez les mots corrects pour compléter les phrases.

> **Top tip**
>
> Before completing the task:
>
> - Identify the gender of the words you are given.
> - Identify, in each sentence, what gender you need. Look at the adjectives endings or the possessive articles, for instance, to help you. You should then be able to narrow it down to a couple of words per gap.

1 La matière que je préfère est le *dessin* mais je trouve la .... très compliquée.

   > biologie   *dessin*   français   géographie

2 Mon frère .... n'est pas dans le même collège que moi.

   > jumeau   cadet   ainée

3 L'... est la matière que mon amie préfère mais elle n'aime pas trop

   la ....

   > allemand   chimie   anglais   physique

4 Dans mon lycée, la .... est très vieille mais le ....
   est très récent.

   > piscine   cantine   gymnase   le bâtiment   des sciences   réception

5 Je pense que mon .... est très fatigant, surtout le lundi car j'ai trop de

.... qui sont épuisantes.

> emploi du temps   journée   trajet   devoirs   matières

Top tip

Your knowledge of grammar will be useful in some reading and listening tasks, so before answering the questions, think about whether you can use your grammar to help you.

When you write and speak, it is important to show that you know the basic rules. Make sure your adjectives agree and use the correct articles and pronouns.

◆ Speaking task

Prepare an oral presentation about your school. Include as many new words as possible and focus on getting the noun genders correct. Practise your presentation and present it to your partner.

1.3   My eating habits

Learning objective	Learning to recognise preferences
Grammar	*plaire*

There are lots of ways to express preferences so it is important that you acquire and recognise different verbs and expressions to express likes and dislikes. The verb *plaire* is used a lot when talking about likes and dislikes, so it is important to know how to use it correctly.

Where do I start?

Traduisez les phrases suivantes.

Ex.: J'aime manger du poisson. → *I love eating fish.*

1   Mon père aime bien les bananes.

....

2   Ma mère a horreur des fruits de mer.

....

3   J'apprécie la nourriture chinoise.

....

4   La nourriture indienne ne me plait pas trop.

....

◆ Reading task

Lisez les textes et complétez l'activité.

Paulin. Salut ! Je m'appelle Paulin et j'habite à Pointe-à-Pitre, en Guadeloupe, mais avant j'habitais en France. Ici, la nourriture est différente de la nourriture en France. Je dois admettre que la nourriture guadeloupéenne me plait mieux parce que j'aime bien les plats épicés et les fruits de mer. Les accras (des beignets de crevettes) et le poulet créole sont délicieux, mais mon plat préféré, c'est le poulet boucané, du poulet cuit au barbecue avec beaucoup d'épices ! Les touristes apprécient aussi ces plats !

Juliette. Salut ! Moi, c'est Juliette et j'habite au Pays basque, dans le sud de la France. Dans notre région, nous avons beaucoup de plats préparés avec des fruits de mer et du fromage. Moi, je n'aime pas trop les fruits de mer mais les plats à base de fromage me plaisent bien ! Ici, on mange beaucoup de porc et d'agneau et on a de nombreux ragouts, cuisinés avec des légumes et des épices qui plaisent aux touristes mais moi, je n'en mange pas car je suis végétarienne.

Abraham. Je m'appelle Abraham et je vis au Canada. À la maison, nous mangeons beaucoup de pommes de terre, mais j'ai horreur de ça car je trouve que les pommes de terre n'ont pas de gout. Mes frères aiment manger dans les *fast-foods*, mais moi, ça ne me tente pas du tout, je suis très sportif et j'évite la nourriture trop grasse. Moi, ce qui me plait, c'est une nourriture saine pour rester en forme. Je consomme beaucoup de fruits et de légumes. À mon avis, les fruits sont plus savoureux et plus nutritifs. J'avoue que je me laisse quelquefois tenter par un ou deux biscuits, mais je sais très bien que ce n'est pas très sain.

Vrai ou faux ? Lisez les textes et décidez si chaque phrase est vraie ou fausse. Cochez (✓) les cases.

		Vrai	Faux
Ex.:	Paulin vit en France.		✓
1	Paulin parle de la nourriture qui ne lui plait pas.		
2	Selon Paulin, la nourriture en France métropolitaine ressemble à la nourriture en Guadeloupe.		
3	Paulin n'apprécie pas les épices.		
4	Juliette préfère le fromage.		
5	Juliette n'aime pas la viande.		
6	Abraham adore les pommes de terre.		
7	La nourriture grasse ne plait pas à Abraham.		
8	Abraham ne mange jamais de biscuits.		

Top tip

When you write or speak, try to think about different ways of expressing your opinions. Don't always say you like or dislike something but instead, talk about other people to show you can use the third person correctly.

◆ Writing task

Write a passage comparing different types of food and drink you have where you live and express in different ways what you prefer and why.

1.4 My body and my health

Learning objective	Dealing with 'false friends'
Grammar	Using *avoir mal à*

A 'false friend' is a French word that looks or sounds a lot like an English word but means something very different. Learning to look out for the most common ones can help you understand French better and avoid making mistakes when you write or speak.

Where do I start?

Lisez les phrases suivantes et soulignez les faux amis.

Ex.: Il y a une librairie dans ma rue, mais la bibliothèque est au centre-ville.

1 Mon ami travaille beaucoup le soir.

2 Je n'ai pas beaucoup de monnaie.

3 J'aime bien la lecture.

4 Mon père lit le journal tous les matins.

5 J'ai lu un bon roman.

◆ Listening tasks

Écoutez l'enregistrement et complétez les activités.

1 Voici des faux amis. Écrivez la traduction.

Faux amis	Anglais
rester	*to stay*
le collège	
passer un examen	

Faux amis	Anglais
actuellement	
gentil	
une journée	

2 Qui dit quoi ? Écrivez le numéro de la personne.

	Phrase	Numéro de la personne qui dit cela
Ex.:	Je ne vais pas sortir aujourd'hui.	1
1	Je ne me sens pas bien en ce moment.	
2	J'ai mal depuis ce matin.	
3	Je stresse car il faut que je révise.	
4	La personne qui m'a aidée était sympa.	

Top tip

Make a list of your top ten false friends and try to use one or two of them regularly and correctly each time you do a speaking task.

◆ Speaking task

Work with a partner. Imagine you are at the doctor's and make up a conversation. One of you is the doctor and the other one the patient. The patient explains two or three things that are wrong with them and the doctor advises them. Then swap roles. Don't forget to use greetings and to give as much detail as possible.

2 My family and my friends, at home and abroad

2.1 Self, family, pets, personal relationships

Learning objective	Recognising synonymous verbs
Grammar	The present tense

Synonyms are words that look and sound different but have the same or a similar meaning. Learning to recognise and use common synonymous verbs can help you to both understand French better and make your French sound more interesting and varied. Using synonyms also avoids repetition.

Where do I start?

Pour chaque verbe, choisissez un verbe qui a le même sens.

Verbe	Synonyme
habiter	*vivre*
débuter	
quitter	
appeler	

Verbe	Synonyme
arrêter	
terminer	
copier	
apprendre	

> écrire   partir   finir   téléphoner
>
> commencer   abandonner
>
> étudier   *vivre*

◆ Reading task

Lisez le texte et complétez l'activité.

> Je m'entends bien avec ma famille et nous faisons beaucoup de choses ensemble. Je ne me fâche jamais contre mon frère ainé. On se chamaille de temps en temps, mais ce n'est jamais grave ! On aime bien courir ensemble ; on va courir trois ou quatre fois par semaine parce que c'est relaxant et que c'est bon pour la santé. Je vais aussi nager avec mes parents et j'aime aussi faire les magasins. Je fais ça avec ma sœur et parfois avec mon frère, mais il n'aime pas trop ça. J'aime le sport et le weekend, je joue au tennis avec toute ma famille.
>
> Pendant les vacances, nous voyageons toujours à l'étranger. Nous aimons le soleil, nous nous baignons dans la mer et nous aimons marcher au bord de la mer. Je pense que faire des activités ensemble est très important.
>
> Mon meilleur ami s'appelle Radouin. Il est assez grand, il a les yeux marron et il a les cheveux noirs, courts et bouclés. Il est toujours de bonne humeur et il rigole beaucoup. Il est aimable et compréhensif et je me confie souvent à lui. On partage nos problèmes.

Dans chaque phrase, deux verbes sont synonymes. Soulignez le verbe qui n'est pas un synonyme des autres.

Ex.: Je **ne m'entends pas** | **me dispute** | <u>parle</u> avec ma sœur cadette.

1 Le dimanche matin, je **me détends** | **me repose** | **me fâche**.

2 Mon meilleur ami est très sympa et on **rigole** | **rit** | **joue** tout le temps ensemble !

3 Mon frère et moi nous nous **entendons** | **disputons** | **chamaillons**.

4 Mon ami **m'agace** | **ne m'énerve pas** | **ne m'embête pas**.

Top tip
Make a list of your top ten synonymous verbs and try to use one or two of them regularly and correctly each time you do a speaking or writing task.

◆ Writing task
Work with a partner. Each person puts as many synonymous verbs on both sides of a set of cards. Mix them up and put them in a pile. Pick at least three cards and write a paragraph about your family, including the verbs on the cards. When you have finished, pick another three cards and write another paragraph. Continue until you have used all the verbs.

2.2 Life at home

Learning objective	Using the tense of the verbs to help you
Grammar	Past, present and future tenses

Getting an answer right can depend on recognising the ending of a verb. When you listen or read it is important not just to know what is happening, but who is doing the action of the verb and whether it is a past, present or future time frame.

Where do I start?
Faites correspondre le vocabulaire de la liste A au vocabulaire de la liste B.

Liste A		Liste B	
A	~~mettre~~	1	l'aspirateur
B	passer	2	la pelouse
C	laver	3	le lave-vaisselle
D	faire	4	les poubelles
E	tondre	5	la chambre
F	sortir	6	les assiettes
G	vider	7	des fleurs
H	ranger	8	~~la table~~
I	planter	9	la salle de bains
J	nettoyer	10	le lit

A	8	F	
B		G	
C		H	
D		I	
E		J	

◆ Listening tasks
Écoutez l'enregistrement et complétez les activités.

1 Écoutez Charlotte et écrivez les verbes que vous entendez dans la bonne colonne. Est-ce que les verbes sont au présent, passé ou futur ?

Infinitif	Présent	Passé composé	Futur
faire	je fais		
mettre			
vider			
aider			
sortir			

2 Écoutez Bastien. Remplissez les blancs avec les sujets et les verbes que vous entendez et, entre parenthèses, écrivez **Pr** si le verbe est au présent, **Pa** si le verbe est au passé ou **F** si le verbe est au futur.

Je m'appelle Bastien. Hier, mes parents *étaient* **(Pa)** malades alors

.... (...) beaucoup de choses à la maison. Le matin,

.... (...) les poubelles, puis .... (...) le lave-

vaisselle et .... (...) l'aspirateur. .... (...) trop

faire les tâches ménagères. .... (...) ça assez barbant. Mes parents

.... (...) très contents alors .... (...) que la

semaine prochaine .... (...) aucune tâche !

Top tip

When you speak, try to make sure that you use verbs carefully. If you get the pronunciation wrong, you can change the meaning and end up saying something you didn't want to.

◆ **Speaking task**

Work with a partner. Each of you prepares a short talk about the ways you help at home, using past, present and future. Then dictate the talk and get your partner to write it down and show you. This is a good way to check you are both saying and writing verbs correctly.

2.3 Leisure, entertainments, invitations

Learning objective	Dealing with 'recall' questions, relying on your topic-specific knowledge
Grammar	*Faire* and *jouer* with leisure activities

Some questions will focus on your knowledge of specific vocabulary for each theme. The answer will be in the text and the question will assess your topic knowledge.

Where do I start?

Faites correspondre le vocabulaire de la liste A au vocabulaire de la liste B.

Liste A		Liste B	
A	~~la patinoire~~	1	aller à la bibliothèque
B	la natation	2	nager
C	la lecture	3	jouer de la musique
D	les magasins	4	faire des achats
E	les livres	5	se baigner
F	la mer	6	faire des sports nautiques
G	la planche à voile	7	~~faire du patinage~~
H	l'ordinateur	8	retrouver
I	la batterie	9	lire
J	les copains	10	télécharger

A	7	F	
B		G	
C		H	
D		I	
E		J	

◆ Reading tasks

Lisez le texte et complétez les activités.

Mathis parle de ses loisirs

Je fais beaucoup d'activités pendant mon temps libre mais ce que je préfère, c'est la <u>lecture</u>. Je lis au moins un livre par semaine et j'ai même créé un club de lecture avec mes amis au collège.

Deux fois par semaine, je vais courir avec mon copain Hugo et on aime bien faire du vélo ensemble, aussi. Nous sommes très actifs car pour nous, il est important d'être en bonne santé.

Le weekend, je nage une heure le samedi matin et l'après-midi, j'ai mon cours de musique. Je joue de la batterie depuis cinq ans et je pense que je suis assez bon. Au collège, je fais partie du groupe de musique et à la fin de chaque trimestre on donne des concerts.

Le dimanche après-midi, normalement, je passe quelques heures sur mon ordinateur à jouer à des jeux ou à télécharger de la musique. Quelquefois, je vais en ville avec mes copains pour faire des achats mais je n'aime pas trop ça. Je trouve que faire les magasins est assez ennuyeux et je n'aime pas aller dans les centres commerciaux le dimanche car je pense que le dimanche, on doit se reposer !

L'année dernière, en vacances, j'ai essayé de faire de la planche à voile, mais j'ai trouvé cela difficile. Par contre, ma sœur a trouvé la planche à voile très facile et elle a passé toutes les vacances sur sa planche !

1 Dans le texte, <u>soulignez</u> tous les passe-temps et traduisez-les. Il y en a 10 y compris l'exemple.

2 Répondez aux questions suivantes.

Ex.: Quel est le passe-temps préféré de Mathis ? → **la lecture**

1 Quelles activités est-ce que Mathis fait avec Hugo ? Donnez **deux** activités.

....

2 Qu'est-ce que Mathis fait le samedi matin ?

....

3 De quel instrument est-ce que Mathis joue ?

....

4 Qu'est-ce qu'il n'aime pas faire le dimanche après-midi ?

....

5 Quel sport est-ce que Mathis a fait pendant ses dernières vacances ?

....

> **Top tip**
> Make sure you learn the key vocabulary for each topic and revise it regularly.

◆ Writing task

Write a paragraph to talk about your free time. Try to use any new words you learned in this unit.

2.4 Eating out

Learning objective	Understanding implied ideas
Grammar	Two verbs together

Points of view are not always expressed directly or explicitly; they are sometimes implied. You will therefore have to infer points of view from verbs, adjectives or certain phrases that people use to express themselves. In other words, you will often have to read between the lines.

Where do I start?

Décidez si les adjectifs soulignés ont un sens positif ou négatif dans les phrases ci-dessous. Faites attention au contexte.

Ex.: Je pense que les frites sont <u>grasses</u>. Moi, je préfère manger de la salade car c'est plus <u>sain</u>.

1 On va dans ce restaurant car il est très <u>calme</u> mais le restaurant d'en face est trop <u>bruyant</u>.

2 La sauce au paprika est trop <u>épicée</u> mais la sauce à l'ail est <u>délicieuse</u>.

3 Le service était vraiment <u>terrible</u> ! Le serveur était trop <u>lent</u> !

4 Le poisson était trop <u>sec</u> mais la soupe était bien <u>chaude</u> !

5 Au restaurant, il y avait une terrasse bien <u>ensoleillée</u> mais c'était assez <u>cher</u>.

Positif	Négatif
sain	grasses

◆ Listening tasks

Écoutez ce que disent les jeunes.

1 Qui mentionne ces aspects ? Écrivez l'initiale de la personne : Dorothée (**D**), Aymeric (**A**) ou Maya (**M**).

Ex.:	la restauration rapide	D
1	une expérience décevante	
2	de la nourriture pas trop chère	
3	une alimentation saine	
4	une ambiance agréable	
5	un choix de nourriture	
6	un restaurant cher	
7	des restrictions alimentaires	
8	une nourriture malsaine	

2 Réécoutez les jeunes et décidez si les informations suivantes sont vrais (**V**), fausses (**F**) ou pas mentionnées (**PM**) ?

		V	F	PM
Ex.:	Dorothée aime la nourriture italienne.			✓
1	Dorothée n'aime pas manger au McDo.			
2	Dorothée aime bien être à l'aise quand elle mange.			
3	Récemment, Aymeric a essayé une cuisine étrangère.			
4	Aymeric a aimé la nourriture.			
5	Aymeric aimerait retourner dans ce restaurant.			
6	Maya aime la nourriture chinoise.			
7	Maya ne peut pas manger de tout.			
8	Maya n'aime pas aller au restaurant.			

Top tip

It is important to listen carefully and pick out all the clues as points of view can be expressed in many different ways. Make sure you learn a whole range of vocabulary to help you understand opinions and points of view.

◆ **Speaking task**

Prepare a presentation about your views on different types of restaurants or dishes you would have when eating out. Use vocabulary from this unit to help you and try to use a variety of ways of expressing your points of view. Try not to make them too obvious.

2.5 Special occasions

Learning objective	Avoiding distractors in multiple-choice questions
Grammar	3rd person singular and 3rd person plural

Learning how to sift through information is an important skill, especially in a multiple-choice exercise. Very often there are distractors, words or phrases that appear in the text but are not the correct answer to the question you have been asked. You have to learn to focus on the correct answer and ignore these distractions.

Where do I start?

Sur une feuille à part, traduisez les phrases suivantes.

Ex.: Mon père ne fête jamais son anniversaire. → My father never celebrates his birthday.

1 Le Nouvel An est un jour férié en France.

2 Ma fête de famille préférée est le réveillon de Noël qu'on célèbre le 24 décembre au soir.

3 Au mois de juillet, nous allons au mariage de mon frère. Il va épouser sa petite amie, Émilia.

4 J'ai invité 15 copines à ma fête d'anniversaire.

◆ **Reading tasks**

Lisez ce que disent ces jeunes sur les fêtes.

> J'aime bien toutes les fêtes, comme par exemple la fête des Mères, Noël, Pâques et le 14 juillet, mais ma fête préférée, c'est mon anniversaire. Chaque année, je fais une fête chez moi et je reçois beaucoup de cadeaux. Beaucoup de mes amis vont au restaurant ou louent une salle, mais pas moi. J'aime rester chez moi. Cependant, je trouve que la Saint-Valentin est une fête assez stupide. Je ne célèbre jamais cette fête mais mes copains s'offrent des cadeaux ! Quel gaspillage d'argent !
>
> **Pauline**

> J'habite dans le sud de la France et ici, il y a beaucoup de festivals régionaux. Aux Saintes Marie-de-la-Mer, en Camargue, où j'habite, nous avons un festival très connu qui s'appelle la course camarguaise. Elle existe depuis très longtemps ! C'est un spectacle qui se passe dans une arène ; un homme court après un taureau pour essayer d'attraper des objets qui sont sur le taureau. La plupart des gens pensent que cette tradition est pittoresque et divertissante mais pas moi, je la trouve cruelle pour les animaux. Après le spectacle, beaucoup de personnes font la fête dans les rues ou sur la plage.
>
> **Olive**

> Ma fête préférée est la Saint-Sylvestre. Je pense que cette fête est formidable. Tous les ans, nous organisons une grande fête chez nous : nous marquons l'évènement avec un délicieux dîner et nous invitons également nos amis. Beaucoup vont au restaurant, mais pas moi. Je préfère rester chez moi ! Après le repas, nous dansons et nous chantons. À minuit, nous regardons le fabuleux feu d'artifice de la ville et ensuite nous nous souhaitons la bonne année.
>
> **Hélène**

1 Choisissez la bonne option pour chaque phrase. Cochez (✓) A, B ou C.

Ex.: Pauline n'aime pas fêter...

- **A** son anniversaire. ☐
- **B** la fête des Mères. ☐
- **C** la Saint-Valentin. ☑

1 Le festival qui a lieu dans le sud de la France s'appelle...

- **A** Camargue. ☐
- **B** la course camarguaise. ☐
- **C** Saintes-Maries-de-la-Mer. ☑

2 Olive pense que cette tradition est...

- **A** divertissant. ☑
- **B** folklorique. ☐
- **C** cruelle. ☐

3 Le spectacle se passe ...

- **A** dans une arène. ☐
- **B** dans la rue. ☐
- **C** sur la plage. ☑

4 Pour le repas de la Saint-Sylvestre, Hélène...

- **A** va chez des amis. ☐
- **B** invite des copains chez elle. ☑
- **C** va au restaurant. ☐

5 Après le repas de la Saint-Sylvestre, Hélène...

- **A** reste chez elle. ☐
- **B** va en ville. ☐
- **C** va chez des amis. ☑

2 Choisissez la bonne réponse.

Ex.: Comment est-ce que Pauline fête son anniversaire ?

- **A** Elle va au restaurant. ☐
- **B** Elle fait la fête chez elle. ☑
- **C** Elle loue une salle. ☐

1 Que pensent les amis de Pauline de la Saint-Valentin ?

- **A** Ils n'aiment pas la Saint-Valentin. ☐
- **B** Ils n'offrent pas de cadeaux pour la Saint-Valentin. ☐
- **C** Ils célèbrent la Saint-Valentin. ☑

2 Pourquoi est-ce que Pauline n'aime pas la Saint-Valentin ?

- **A** Car elle ne reçoit aucun cadeau. ☐
- **B** Car ses amis ne la fêtent pas. ☐
- **C** Car elle trouve que c'est stupide. ☑

3 Que dit Olive sur le festival dans sa ville ?

- **A** Il n'est pas très connu. ☐
- **B** Il est célèbre. ☑
- **C** Il est récent. ☐

4 Que se passe-t-il pendant le spectacle ?

- **A** Des hommes font la course. ☐
- **B** Un homme doit attraper un autre homme. ☐
- **C** Un homme court après un animal. ☑

◆ **Writing task**

Write a paragraph to talk about your favourite celebration or a local tradition. Give as much detail as possible.

2.6 Going on holiday

Learning objective	Dealing with narrative sequences
Grammar	Perfect and Imperfect tense

Sometimes everything you need to understand to answer a question is all in the same sentence, but it is also important to be able to follow extended sequences of information, where you hear a story or longer account of events. These are often, but not always, accounts using past tenses.

Where do I start?

Écrivez **PC** si le verbe est au passé composé ou **I**, si le verbe est à l'imparfait.

Ex.:	J'ai logé dans un hôtel.	PC
1	Je jouais sur la plage.	
2	J'ai fait une excursion.	
3	Il faisait beau.	
4	Il y avait beaucoup de monde.	
5	J'ai passé une semaine en Suisse.	

◆ **Listening tasks**

Écoutez l'enregistrement et complétez les activités.

1 Tristan parle de ses vacances. Mettez les activités dans l'ordre (1-5).

Activités	Ordre
Always ate at the hotel	
Shopping	
Stayed near the beach	1
Nights out	
Good views	

2 Amélie parle de ses vacances. Dans chaque phrase, il y a une erreur. Corrigez les phrases selon ce que dit Amélie.

Ex.: Amélie est partie en vacances en décembre. → *Amélie est partie en vacances en janvier.*

1 Amélie a logé dans un hôtel.

....

2 Amélie faisait du ski tous les après-midis.

....

3 Au sommet de la montagne, Amélie a mangé des frites.

....

4 Elle pense que ses vacances ont été trop longues.

....

> **Top tip**
> Pick a topic each day on the way to school and practise narrating events in the past.

◆ Speaking task

Produce an oral presentation about a holiday you went on and read it to your classmates.

2.7 Family and friends abroad

Learning objective	Avoiding distracting ideas in a text
Grammar	Present and imperfect tenses

In this unit, the aim is to help you to pay more attention when you read. In your comprehension tasks, there will be distracting information that you will need to identify in order to answer the questions correctly.

Where do I start?

Lisez les phrases et identifiez les mots qui correspondent aux catégories suivantes. Écrivez les mots dans le tableau.

1 Avant j'habitais en Suisse.

2 Mon oncle habite au Gabon.

3 La langue officielle du Québec, ce n'est pas l'anglais mais le français.

4 Nous habitons à Madagascar mais mon frère n'y habite plus.

5 En ce moment, on habite en France mais on va bientôt aller vivre en Côte d'Ivoire.

Personnes	je				
Négatifs					
Adverbes de temps					
Endroits					

◆ **Reading tasks**

Lisez le texte et complétez les activités.

Ma vie à la Martinique

Je m'appelle Maëlle et j'ai 14 ans. J'habite à la Martinique depuis trois ans. Avant, je vivais en France mais quand j'avais 11 ans on a déménagé pour le travail de mes parents. Au début, j'étais triste de quitter la France, mes amis et toute ma famille mais maintenant la vie à la Martinique me plait beaucoup et j'ai plein de nouveaux amis. Quand je suis arrivée, il était difficile de parler aux autres élèves de ma classe mais maintenant, je suis copine avec tout le monde. La famille et les amis qui vivent en France me manquent. J'aimerais bien les voir mais je suis souvent en contact avec eux grâce aux réseaux sociaux.

La vie martiniquaise est très différente de ma vie en France. D'abord, le climat ! Il est vrai qu'en hiver, il fait un peu frais mais où j'habitais avant en France, dans le nord, il faisait très froid. Pas ici ! Ensuite, l'uniforme pour l'école… En France, je ne portais pas d'uniforme mais ici nous avons un uniforme. Avant, quand j'habitais en France, je pensais que l'uniforme était une mauvaise idée mais maintenant j'aime bien porter mon uniforme. On est tous les mêmes ! La nourriture… Mes parents disent que faire les courses dans les supermarchés coute un peu plus cher qu'en France mais si on achète des produits locaux, sur les marchés, c'est beaucoup moins cher. En France, on n'allait pas souvent sur les marchés mais ici on y va au moins une fois par semaine. J'ai gouté de nouveaux fruits et légumes ici comme la carambole ou la banane « poyo ». Ils sont délicieux !

1 Complétez le tableau avec les informations du texte. Vous pouvez copier les informations du texte.

	En France	À la Martinique
Âge de Maëlle	0-11	
Amis		
Climat		
Opinion sur l'uniforme		
La nourriture		
Aller sur les marchés		

2 Vrai ou faux ? Cochez (✓) les cases.

		Vrai	Faux
Ex.:	Maëlle a quitté la France quand elle avait 11 ans.	✓	
1	Maëlle n'est pas heureuse à la Martinique.		
2	Toute la famille de Maëlle habite à la Martinique.		
3	Il est difficile pour Maëlle de se faire de nouveaux copains.		
4	Il fait assez froid où Maëlle habite en ce moment.		
5	Maëlle pense que l'uniforme est une bonne idée.		
6	Les parents de Maëlle pensent que la nourriture est moins chère dans les supermarchés en France.		
7	À la Martinique, Maëlle ne va pas sur les marchés.		

> **Top tip**
> It is important to read carefully and to pay attention to tenses, negatives and opinion phrases for instance. One word that you understand will not usually be enough to form your answer.

◆ **Writing task**

Imagine that you are now living in Martinique, where Maëlle lives. Write a text to compare your life before and your life now, like the one Maëlle wrote.

3 Where I live and what it's like

3.1 Home town and geographical surroundings

Learning objective	Spotting synonymous adverbs
Grammar	Adverbs

It is useful to be able to recognise and use adverbs that have the same or a very similar meaning. Examples in English are 'often' and 'frequently'. They both have the same meaning and are readily interchangeable.

Where do I start?

Dans le tableau, il y a cinq adverbes. Pour chaque adverbe, choisissez deux synonymes parmi les adverbes ci-dessous.

> peu   de temps en temps   *simplement*   fréquemment   constamment   habituellement
>
> régulièrement   parfois   à peine   *clairement*

Adverbes	Synonyme 1	Synonyme 2
Ex.: facilement	clairement	simplement
normalement		
rarement		
souvent		
quelquefois		

◆ Listening tasks

Écoutez l'enregistrement et complétez les activités.

1 Faites la liste de toutes les expressions de temps qu'utilisent Esméralda et Paulin.

Esméralda	Paulin
chaque jour	

2 Réécoutez Esméralda et Paulin. Dans chaque phrase, <u>soulignez</u> l'expression qui convient. Faites attention aux synonymes !

Esméralda

Ex.: **<u>Tous les jours</u> | parfois | deux fois par semaine**, elle va faire les courses avec sa mère.

1 Esméralda va **fréquemment | peu | quelquefois** nager.

2 Elle va **rarement | tout le temps | de temps en temps** à la bibliothèque.

3 **Une fois par semaine | Toutes les trois semaines | Une fois par mois**, elle joue au badminton avec ses copines.

Paulin

1 Paulin habite à la campagne depuis **toujours | récemment | longtemps**.

2 **Souvent | De temps en temps | Tous les jours,** il va se promener avec son chien.

3 Il va courir **tôt | tard | tous les jours**.

4 Il fait du cheval **tous les jours | régulièrement | une fois chaque weekend**.

Top tip

Adverbs are common yet very useful words. The more of them you know, the better your understanding of French will be. Using a variety of them will also make your work more interesting.

◆ Speaking task

Make a list of adverbs that you have used today and ask your partner to talk about where they live, using as many adverbs as possible. When they have finished, your partner will give you a list of adverbs and you will talk about where you live.

3.2 Shopping

Learning objective	Using adverbs and adverbial expressions
Grammar	Adverbs and adverbial expressions

To understand in depth and detail you often need to understand not just what happens, but how it is happening. We all know adverbs describe verbs, but sometimes adverbial expressions are used. For example, instead of saying: 'He worked lazily', we could say 'He worked in a lazy way'.

Where do I start?

Faites correspondre le vocabulaire de la liste A au vocabulaire de la liste B.

Liste A		Liste B	
A	~~plusieurs fois~~	1	finalement
B	de manière lente	2	actuellement
C	de bonne heure	3	doucement
D	en fin de compte	4	certainement
E	sans aucun doute	5	évidemment
F	en ce moment	6	progressivement
G	bien sûr	7	~~fréquemment~~
H	petit à petit	8	accidentellement
I	par hasard	9	tôt
J	de toutes parts	10	partout

A	7	F	
B		G	
C		H	
D		I	
E		J	

◆ Reading task

Lisez ce que disent Anne, Paulin et Lucie sur le shopping et complétez l'activité.

Anne. Je fais régulièrement du shopping. Tous les samedis, je me balade avec mes amis et, bien sûr, nous allons au centre-ville pour trouver une bonne affaire. On aime bien regarder ce qu'il y a dans les magasins, mais en ce moment, j'économise pour m'acheter un nouvel ordinateur, donc je n'achète pas autant de vêtements qu'avant.

Paulin. Heureusement, j'habite au centre-ville, donc si je veux aller dans les magasins, j'y vais à pied. Cependant, je n'aime vraiment pas les grands magasins et je n'y vais pas très souvent. En effet, je préfère aller dans les petits magasins, car le service est sans aucun doute plus personnalisé et je trouve une plus grande variété d'articles.

Lucie. J'habite très loin de la ville, dans un tout petit village, donc je vais rarement faire du shopping. Ici, nous n'avons qu'un petit supermarché derrière l'église. Donc, pour les autres choses comme les vêtements, nous achetons en ligne. C'est pratique mais le seul inconvénient est que nous devons parfois attendre au moins une semaine pour recevoir ce que nous avons commandé. Ce n'est pas très rapide !

Qui dit quoi? Écrivez **A** si c'est Anne, **P** si c'est Paulin ou **L** si c'est Lucie.

		Personne
Ex.:	... n'habite pas loin du centre.	P
1	... fait les courses le weekend.	
2	... fait des achats sur Internet.	
3	... n'achète plus de vêtements pour le moment.	
4	... ne va pas souvent dans les grands centres commerciaux.	
5	... ne vit pas dans une ville.	
6	... a de la chance d'habiter en ville.	

Top tip
Learn useful adverbial phrases to vary your written work and impress the examiners.

◆ Writing task

Write a short passage about shopping in your area, using as many adverbial phrases as you can.

3.3   Public services

Learning objective	Dealing with 'process questions', relying on your detailed understanding of the passage
Grammar	Questions

In this unit the aim is to help you deal with process questions. For these questions, you will need to process the information you hear and select the appropriate pieces of information. You may have to deal with negatives, other people, different tenses etc. It is important to listen out for the whole sentence instead of drawing conclusions based on one or two words. Some questions require you to listen to a whole sentence or even two sentences to find the answer.

Where do I start?

Dans chaque réponse, il y a une erreur. <u>Soulignez</u> l'erreur puis récrivez la réponse.

Ex.: Hier je suis allée au cinéma et demain je vais aller à la patinoire.

Question : Qu'est-ce qu'il va bientôt faire ?

Réponse : Il va bientôt aller <u>au cinéma</u>. → *Il va bientôt aller à la patinoire.*

1   Je suis arrivée à l'hôtel vers 15h00 et on m'a volé mon sac une heure après. Juste après 16h00, je pense.

Question : À quelle heure est-ce qu'on lui a volé son sac ?

Réponse : On lui a volé son sac <u>vers 15h00</u>.

2 Je suis allée à la poste pour acheter six timbres et j'ai payé 6 €. J'ai été surprise car le mois dernier, c'était moins cher. 5.40 €, je crois.

Question : Combien est-ce qu'elle avait payé le mois dernier pour six timbres ?

Réponse : Elle avait payé 5.80 €.

3 Hier, j'ai perdu mon sac. Dedans, il y avait mon porte-monnaie, du maquillage, mes clés. Heureusement, ma sœur avait mon portable donc il n'était pas dedans.

Question : Qu'est-ce qu'elle avait dans son sac ?

Réponse : Elle avait son portemonnaie, du maquillage, des clés et son portable.

◆ **Listening task**

Écoutez l'enregistrement et prenez des notes sur les informations suivantes.

Conversation 1	Deux adverbes de temps	hier
	Trois endroits	
Conversation 2	Trois heures	
	Trois actions	
Conversation 3	Nombre de clients	
	Descriptions des femmes	

Top tip

Always listen carefully to the full sentence and do not focus on individual words.

◆ **Speaking task**

Ask your teacher for the transcript. Make up similar conversations about public services in your area, adding lots of details. Practise the conversation with your partner.

3.4 Natural environment

Learning objective	Using knowledge of contemporary issues to fill gaps
Grammar	Using *on* and *il faut*

By using your prior knowledge, you can often predict answers quite accurately for fact-based topics such as the environment, science etc. This skill is particularly useful for gap-fill exercises. Use your wider knowledge to help you answer comprehension questions, but always make sure that you use the information given in the text.

Where do I start?

Sur une feuille à part, traduisez les phrases suivantes.

Ex.: Je recycle les sacs en plastique, les bouteilles et le papier. → *I recycle plastic bags, bottles and paper.*

1 Les pluies acides détruisent les forêts tropicales.

2 La sauvegarde de l'environnement est un problème international.

3 Il est très important de protéger notre environnement.

4 Nous avons des panneaux solaires car nous voulons réduire notre consommation d'énergie.

◆ Reading task

Que savez-vous de l'environnement ? Lisez le texte qui donne 12 conseils pour protéger l'environnement puis remplissez les blancs sans aide.

Voici douze choses qu'on peut faire pour protéger l'environnement. Grâce à ces petits gestes, on pourra non seulement protéger l'environnement mais aussi voir des avantages dans notre vie quotidienne. Chaque jour, on peut tous faire quelque chose pour **sauver** notre planète. Voici les conseils :

1 Il faut toujours éteindre les appareils électriques car le mode "veille" consomme de l'énergie et il faut toujours éteindre **(1)** .... quand on sort d'une pièce.

2 On doit essayer d'utiliser les transports en commun pour réduire les embouteillages et **(2)** .... On peut aussi se déplacer à pied ou à vélo.

3 Il faut également acheter **(3)** .... locaux ou des produits bio sans emballage en plastique. La nourriture saine est meilleure pour nous et pour **(4)** ....

Cambridge IGCSE French Reading and Listening Skills Workbook

4   On doit acheter des voitures électriques pour réduire la pollution.

5   Il faut économiser l'eau et l'énergie pour réduire le réchauffement de la planète.

    (5) .... est mieux que prendre un bain.

6   On doit limiter la quantité de viande et de poisson qu'on consomme.

7   Il faut **(6)** .... nos déchets, tout recycler et réutiliser ce qu'on peut.

8   On doit acheter des produits d'occasion ou échanger nos produits. Il ne faut pas toujours acheter "neuf".

9   On doit installer des panneaux solaires ou utiliser une autre énergie

    (7) .... pour réduire notre consommation d'énergie.

10 On doit éviter d'utiliser **(8)** .... Le coton, le papier, le carton et le verre sont des matériaux recyclables qui sont des produits écologiques.

11 On doit acheter plus raisonnablement et consommer moins. Il faut réutiliser !

12 On ne doit pas utiliser de produits **(9)** .... nocifs.

> **Top tip**
>
> When you tackle a reading or listening comprehension, try to anticipate what a possible answer could be. You know a lot about many topics so put that knowledge to good use whilst answering gap-fill exercises or even comprehension questions.

◆ **Writing task**

Write a list of actions that you should take to protect the environment. Then, compare with a partner or in a group and make a list of tips that your class should follow.

· Recyder le déchets
· Réduire la circulation

3.5   Weather

Learning objective	How to deal with contrasting ideas or vocabulary
Grammar	Use of *faire* for weather expressions

Quite often you will hear or read contrasting information. To answer a question you need to pick out the correct idea and eliminate the ideas or information that might distract you. Often this information contains different time frames or negatives.

Where do I start?

Lisez les phrases suivantes et <u>soulignez</u> deux mots ou expressions qui s'opposent.

Ex.: Lille se trouve dans <u>le nord</u> de la France mais Perpignan est dans <u>le sud</u>.

1 Aujourd'hui il pleut mais demain il y aura du soleil.

2 Je vais toujours sur la plage mais je ne nage jamais dans la mer.

3 Aujourd'hui il fait froid mais hier il a fait chaud.

4 Mon pull est laid mais le pull de ma sœur est beau.

◆ Listening tasks

Écoutez l'enregistrement et faites les activités.

1 Partie 1. Complétez le tableau.

	Le temps d'hier	**Le temps d'aujourd'hui**	**Le temps de demain**
Sud	vent		
Ouest			
Nord			

2 Partie 2. Corrigez les erreurs dans les phrases.

Ex.: S'il fait beau, le samedi, Victoire va à la plage. → *Le samedi, Victoire fait du vélo.*

1 Quand il pleut, Victoire va voir une amie.

....

2 Dans le sud de la France, il fait toujours chaud.

....

3 Selon Victoire, Bandol est une ville laide.

....

4 Victoire dit que beaucoup de gens du Nord vont dans le Sud l'été.

....

> **Top tip**
> Make a list of words that suggest opposites, e.g. *toujours* → *jamais, tout le monde* → *personne*, then revise them regularly.

◆ Speaking task

Work with a partner and take turns. Make a statement about the weather and ask your partner to give you an opposite statement, for example *'Aujourd'hui, il fait chaud'* → *'Aujourd'hui, il fait froid'*. Try to do five each and use different ways to express opposites.

3.6   Finding the way

Learning objective	Identifying adverbs of quantity and any other qualifying details
Grammar	Adverbs of quantity and intensity

Picking out expressions of quantities or any other qualifying details is very important. You need to read your text very carefully and in detail to show precise comprehension. You need to scan your text for 'small words' that will affect the meaning of the sentences they are in.

Where do I start?

Lisez les phrases et identifiez les mots qui correspondent aux catégories suivantes. Écrivez les mots dans le tableau.

1   L'église est à environ 500 m.

2   Le festival de musique a lieu sur le terrain de foot qui se trouve juste à côté du lac.

3   La nouvelle patinoire est à un peu moins de 2 km d'ici.

4   La ville a plus d'une vingtaine de monuments historiques qui se trouvent tous au centre.

5   Le château médiéval est à moins de 800 m.

	1	2	3	4	5
Endroits/ attractions	l'église				
Adverbes de quantité/ intensité					
Direction/ localisation					

◆ Reading tasks

Lisez les textes et complétez les activités.

Coucou ! Viens me retrouver au château cet après-midi. Le château se trouve à environ cinq minutes à pied du centre-ville. Prends la rue juste à côté de la cathédrale et continue tout droit, puis prends la première rue à droite. Tu verras le château de l'autre côté du parc ! **Faissal**

Salut ! Alors, on se retrouve à la piscine demain ? La piscine est à environ 2 km de chez moi, donc pas très loin. Elle est facile à trouver. Prends la direction du zoo et quand tu verras le pont, traverse-le et prends la rue à gauche juste après. La piscine est tout au bout de la rue. À demain ! **Camille**

Salut ! Voici les directions que ma mère m'a données pour aller au cinéma. Il faut prendre le bus 5 en direction de la place de la Mairie. L'arrêt de bus se trouve en face de la pharmacie et il faut descendre à l'arrêt St Léonard. Le cinéma est à moins de deux minutes de l'arrêt de bus. À plus ! **Ben**

1 Cochez (✓) les **trois** affirmations qui sont correctes.

1	Le château se trouve à côté de la cathédrale.	
2	La cathédrale est à droite du parc.	
3	Il n'est pas difficile d'aller à la piscine.	
4	La piscine se trouve très loin de chez Camille.	
5	Pour aller à la piscine, il faut tourner juste après le pont.	
6	Ben doit prendre le bus pour aller au cinéma.	

2 Relisez les textes et répondez aux questions en français, en faisant des phrases complètes. Faites attention aux détails !

Ex.: Où va Faissal cet après-midi ?

Il va au **château.**

1 Combien de temps est-ce qu'il faut marcher du centre-ville pour arriver au château ?

Il faut marcher ....

2 Quand on est à la cathédrale, quelle rue faut-il prendre pour aller au château ?

Il faut prendre ....

3 À combien de kilomètres de chez Camille se trouve la piscine ?

La piscine se trouve ....

4 Quelle direction faut-il prendre pour aller à la piscine ?

Il faut ....

5 Est-ce qu'il faut traverser le pont pour aller à la piscine ?

Oui, il faut ....

6 Quel bus est-ce qu'il faut prendre pour aller au cinéma ?

Il faut ....

7 À quel arrêt faut-il descendre pour aller au cinéma ?

Il faut ....

8 Faut-il marcher longtemps pour arriver au cinéma ?

Il faut ....

> **Top tip**
> It is important to pay attention to adverbs and other 'little words' as they are usually important.
> Do not ignore them!

◆ Writing task

Work with your partner or in a group to create a leaflet about your local area,
mentioning directions. Try to use as many new words as possible as well as quantifiers.

3.7 Travel and transport

Learning objective	How to pick out precise details
Grammar	Future tense

Getting an answer right can depend on understanding exact information. This means you will
need to learn to pay careful attention to times, dates, locations or directions. You may also need
to deal with negatives and modal verbs as you develop this skill.

Where do I start?

Faites correspondre le vocabulaire de la liste A au vocabulaire de la liste B.

Liste A		Liste B	
A	partira	1	seat
B	le voyageur	2	rear
C	le quai	3	bus stop
D	le siège	4	will leave
E	l'avant	5	luggage compartment
F	l'arrière	6	delay
G	l'arrêt de bus	7	platform
H	le compartiment à bagages	8	to board
I	le retard	9	traveller
J	embarquer	10	front

A	4	F	
B	9	G	3
C		H	5
D		I	6
E		J	

◆ Listening tasks

Écoutez l'enregistrement et faites les activités.

1 Partie 1. Écoutez les annonces et ajoutez des détails pour avoir des informations très précises.

	Informations vagues	Informations précises
Train	Le train partira à 13 h du quai 5.	*Le train partira à 13 h 35 du quai 5B.*
	Si vous avez besoin d'aide, il faut vous présenter avant le départ.	
	Le wagon 1 est le wagon de première classe.	
Autocar	L'autocar va à Tours.	
	Il partira de l'arrêt de bus numéro 7.	
	Il faut présenter sa carte d'identité.	
	Les bagages devront être placés dans le coffre de l'autobus	

2 Partie 2. Écoutez les annonces à l'aéroport. Corrigez les informations fausses. Il y a trois erreurs.

1 Le vol part de Paris. Il est à l'heure. Les voyageurs recevront plus d'informations dans une heure.

Ex.: Le vol part de Lyon ....

....

....

2 Les passagers embarqueront à la porte 10B. Les premiers voyageurs à embarquer seront les passagers avec les billets A et B, à l'arrière de l'avion.

....

....

....

> **Top tip**
> When you speak, aim to practise using more precise information whenever you can. If you get into the habit of speaking this way, it helps you focus better when you need to understand.

◆ Speaking task

Work with a partner. Say five departure times or five dates for train journeys and ask your partner to write them down. Then swap over.

4 Studying and working

4.1 French schools

Learning objective	Dealing with comparisons
Grammar	Adjectives and comparatives

We often use comparatives in everyday language, so it is important to be able to understand how they work and how to manipulate them correctly.

Where do I start?

Traduisez les phrases suivantes.

1 En France, nous ne portons pas d'uniforme.

In france we do not have to wear a unifom

2 Les portables sont formellement interdits en cours.

Telephones are allowed between lessons

3 Je pense que le règlement de mon collège est trop strict.

I think that the rules of my school are to strict

....

4 Il est interdit d'arriver en retard ; il faut être à l'heure !

....

5 Nous devons toujours avoir de bonnes notes et c'est ce qui me stresse.

....

◆ Reading tasks

Lisez les textes et complétez les activités.

Bonjour, je m'appelle Pauline et je suis en 3ème. Je dois avoir de meilleures notes en géographie et en maths car je ne veux pas redoubler. J'ai des cours particuliers pour m'aider en géographie et maintenant je comprends mieux mais je trouve les maths plus difficiles. Les cours de maths sont plus stressants que mes autres cours. Je trouve mes autres leçons plus intéressantes. Il faut absolument que je passe en seconde !

Salut ! Moi, c'est Ahmed et je suis en 4ème. Je trouve que le règlement de mon collège est plus strict que celui du collège de Pauline. En plus, dans le collège de Pauline, ils ont beaucoup moins de contrôles que nous. Ce n'est pas juste ! Les contrôles me stressent plus que le règlement !

Moi, c'est Joséphine et je suis en 1ère. Ma prof d'anglais est plus gentille, plus compréhensive et elle m'aide plus que mon prof de physique. Lui, il me stresse beaucoup et en plus, il est plus méchant que tous les autres profs, à mon avis. Ses cours sont aussi plus ennuyeux que tous les autres cours.

1 Pour chaque phrase, choisissez la bonne option.

Ex.: Pauline comprend les maths **moins bien** | **mieux** | **plus vite** que la géographie.

1 Selon Pauline, toutes ses matières sont **plus intéressantes** | **plus faciles** | **plus compliquées** que les maths.

2 Ahmed dit que le règlement de son collège est **plus strict** | **moins strict** | **aussi strict** que le règlement du collège de Pauline.

3 Ahmed dit qu'il a **plus** | **moins** | **autant** de contrôles que Pauline.

4 Joséphine trouve que son prof de physique est **plus compréhensif** | **plus gentil** | **moins gentil** que les autres profs.

5 Sa prof d'anglais est **plus stricte** | **plus sympa** | **plus méchante** que son prof de physique.

2 Relisez le texte puis remplissez les blancs avec des comparatifs.

Ex.: Pauline est *moins bonne* en maths et en géo.

1 Maintenant, Pauline pense qu'elle est .... en géographie.

2 Elle dit que la plupart de ses matières sont .... que la physique.

3 Ahmed dit que les contrôles sont .... que le règlement.

4 Joséphine dit que son prof de physique est .... que sa prof d'anglais.

5 Joséphine dit que, comparés à ses cours de physique, ses autres cours sont

....

Top tip

Watch out for comparatives and pay attention to what is being compared to what. Also, in questions and multiple-choice options, synonyms and negatives are widely used to test your comprehension skills and your understanding of comparatives.

◆ **Writing task**

Write a paragraph about some school rules and things that stress you in your school.

4.2 Further education and training

Learning objective	Using listening tasks to help you with your speaking
Grammar	Referring to the future

The aim of this unit is to help you use your listening tasks to improve your speaking skills. It is important to see how all the skills complement each other.

Where do I start?

Dans chaque réponse, il y a une erreur. <u>Soulignez</u> l'erreur et récrivez la phrase.

Ex.: L'année <u>dernière</u>, je vais étudier le français. → *L'année prochaine, je vais étudier le français.*

1 Quand je serai plus petite, je voudrais devenir psychologue.

....

2 L'année prochaine, j'ai continué mes études dans un lycée général.

....

3 Ma copine pense passer un bac professionnel, il y a deux ans.

....

4 Je déteste les sciences alors je veux être médecin.

....

◆ Listening tasks

Écoutez Samira et Félix parler de leurs projets d'avenir et complétez les activités.

1 Écrivez tous les verbes qu'ils utilisent pour parler de l'avenir. Il y en a **huit** avec l'exemple.

Ex.: je vais étudier

1 ....

2 ....

3 ....

4 ....

5 ....

6 ....

7 ....

2 Réécoutez l'enregistrement et complétez les phrases.

   1 Samira dit : « L'année prochaine, je **vais** étudier l'espagnol et l'anglais au

     .... car ce sont les matières que .... en ce

     moment. Après ...., je .... aller à l'université

     .... étudier le commerce international. ....,

     j'.. travailler à l'étranger, peut-être en Espagne ou en Angleterre.

   2 Félix dit : « Moi, je .... être boulanger comme mon père et mon frère.

     Quand .... le collège, j'.. dans un lycée

     professionnel .... deux ans. Après, ... de

     travailler dans notre boulangerie. Un jour, ... avoir ma

     .... boulangerie ! C'est mon .... !

◆ Speaking task

Use the verbs from listening task 1 and the vocabulary from listening task 2 to speak about your future plans. Prepare responses to the following questions:

1 Quels sont vos projets pour l'année prochaine ?

2 Que voudriez-vous faire après le lycée ?

3 Quel métier aimeriez-vous faire ?

4.3 Future career plans

Learning objective	Reading to help you write (1)
Grammar	Range of tenses

Reading in French is a great way of picking up new structures, vocabulary and idioms you did not know before. The more you read, the more you are exposed to new language or different ways of expressing yourself, and this in turn will improve your written work because you can use or adapt the French you read.

Where do I start?

Sur une feuille à part, traduisez les phrases suivantes.

Ex.: Beaucoup d'élèves du lycée ont un petit boulot. → **Lots of students in the sixth form have a part-time job.**

1 Je travaille deux fois par semaine dans la boulangerie de mon quartier.

2 J'ai un petit boulot car j'ai besoin d'argent pour m'acheter une voiture.

3 L'année dernière, j'ai fait un stage dans une association caritative.

4 Quand j'aurai fini mes études, je voudrais prendre une année sabbatique pour faire du bénévolat.

◆ Reading tasks

Lisez les textes et complétez les activités.

Mariam. Depuis deux ans, j'ai deux petits boulots. Le samedi, je travaille dans le petit supermarché de mon village et je suis à la caisse. Je passe beaucoup de temps en contact avec les clients et c'est ce qui me plait le plus car j'aime bien parler aux gens mais je dois dire que je m'ennuie quelquefois, quand il n'y a pas beaucoup de monde ! Les heures sont longues quand il n'y a personne ! Mon deuxième boulot est faire du babysitting ; je garde les enfants de ma sœur ainée quand elle et son mari travaillent. Quelquefois, je m'occupe des enfants le weekend ou le soir. Ils ont des horaires qui changent tout le temps. Ma sœur me donne 10 € à chaque fois que je fais du babysitting. J'économise mon argent puisque j'ai l'intention de m'acheter un nouvel ordinateur portable.

Thibault. Depuis un an, je fais du bénévolat dans une maison pour seniors dans ma ville. J'avais envie de faire quelque chose d'utile mais je ne savais pas quoi faire. Une de mes amies m'a parlé de la maison des seniors où sa mère travaille car ils recherchaient des jeunes pour tenir compagnie aux personnes âgées. Je m'y rends une fois par semaine, le samedi après-midi, pendant quatre heures. Si je n'ai pas trop de devoirs, je vais aussi aider quelquefois après l'école. Normalement, je joue à des jeux de société avec les personnes âgées ou je leur parle, simplement. Des fois, on me demande de jouer de la guitare pour les divertir. Ça me plaît de passer du temps avec ces personnes car certaines d'entre elles ne reçoivent aucun visiteur. J'apprends aussi beaucoup de nouvelles compétences qui me seront utiles à l'avenir ! À mon avis, tous les jeunes de mon âge devraient faire du bénévolat.

1 Complétez les phrases avec des mots des textes.

    1 Mariam aime **passer** du temps à la caisse car parler aux clients lui ....

       beaucoup mais parfois, elle ....

    2 Mariam .... aussi du babysitting pour ....

       de l'argent pour .... un ordinateur.

    3 Thibault est .... dans une maison pour seniors car il veut se rendre

       .... et aider les autres.

    4 Thibault .... compagnie aux personnes âgées et parfois il leur

       .... de la musique.

    5 Thibault se .... à la maison pour les seniors au moins une fois par

       semaine.

    6 Grâce à ce travail bénévole, Thibault développe des .... qu'il utilisera

       plus tard dans la vie.

2 Sur une feuille à part, améliorez les phrases en changeant les mots et les expressions soulignés. Les mots et expressions sont dans les textes et il faut peut-être les manipuler.

    Ex.: Je <u>suis</u> à la caisse. → *Je travaille/Je passe beaucoup de temps à la caisse.*

    1 <u>Ce que j'aime</u>, c'est parler aux <u>gens</u>.

    2 <u>Je trouve</u> que mon boulot est <u>ennuyeux</u> quelquefois.

    3 Je gagne 10 € <u>quand</u> je garde les enfants.

    4 <u>Je ne veux pas dépenser</u> mon argent.

    5 Je travaille mais <u>je ne suis pas payé</u>.

    6 <u>Je voulais</u> être utile.

    7 <u>Ils voulaient</u> des ados qui <u>passeraient du temps avec les</u> personnes âgées.

    8 <u>Je vais</u> à la maison pour seniors <u>chaque samedi</u>.

    9 Mon travail m'aide puisque j'apprends <u>des choses</u> qui seront <u>bonnes</u> pour <u>mon travail plus tard</u>.

◆ Writing task
Make a list of some of the key words and structures you have learned in this unit and write about your future career plans.

4.4 Employment

Learning objective	How to deal with questions
Grammar	Use of interrogatives

Getting an answer right can depend on understanding how questions are used in French. You will need to know the interrogatives (question words) and recognise questions that do not have an interrogative.

Where do I start?
Faites correspondre le vocabulaire de la liste A au vocabulaire de la liste B.

Liste A		Liste B	
A	Que?	1	Where?
B	Quand?	2	Why?
C	Combien?	3	Who?
D	Où?	4	What?
E	Comment?	5	Since when?
F	Pourquoi?	6	For how long?
G	Qui?	7	How much?
H	Depuis quand?	8	From where?
I	Pendant combien de temps?	9	When?
J	D'où?	10	How?

A	4	F	2
B	9	G	3
C	7	H	5
D	1	I	6
E	10	J	8

◆ Listening task
Écoutez l'enregistrement et mettez les mots interrogatifs dans l'ordre. Écrivez 1-6 dans le tableau.

Depuis combien de temps?	Quand?	Que?	Où ?	Pourquoi?	Combien?
			1		

Speaking task

Work with a partner and practise interviewing each other for a job. You can use the questions in the recording as a model.

4.5 Communication and technology at work

Learning objective	Reading to help you write (2)
Grammar	Infinitive constructions

The aim of this unit is to further develop reading skills and use the language encountered to enhance your writing skills.

◆ Reading tasks

Lisez les textes et complétez les activités.

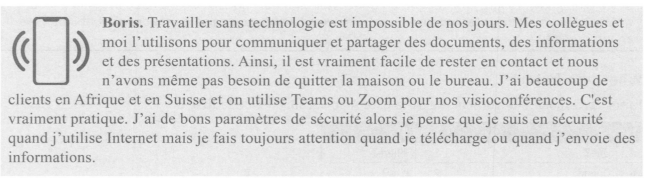

Boris. Travailler sans technologie est impossible de nos jours. Mes collègues et moi l'utilisons pour communiquer et partager des documents, des informations et des présentations. Ainsi, il est vraiment facile de rester en contact et nous n'avons même pas besoin de quitter la maison ou le bureau. J'ai beaucoup de clients en Afrique et en Suisse et on utilise Teams ou Zoom pour nos visioconférences. C'est vraiment pratique. J'ai de bons paramètres de sécurité alors je pense que je suis en sécurité quand j'utilise Internet mais je fais toujours attention quand je télécharge ou quand j'envoie des informations.

Éva. Je travaille pour une société d'exportation et j'utilise quotidiennement Internet. Je télécharge rapidement des informations et des photos de nos nouveaux produits, je parle à nos clients et je trouve  de nouveaux clients dans le monde entier. En quelques minutes, je peux envoyer des factures, recevoir des commandes et payer en ligne. Je dois régulièrement mettre le site à jour. Tout est si rapide et pratique, et sans Internet, le commerce international ne fonctionnerait pas.

Mehdi. Ma tante n'utilise pas beaucoup la technologie dans son entreprise. Je me demande comment elle fait ! Elle écrit encore sur du papier, elle n'envoie pas d'e-mails mais elle poste tout son courrier. Ma mère lui a acheté un nouveau smartphone mais elle ne l'utilise que pour appeler ses amis. Elle ne l'utilise pas pour son entreprise. Elle ne veut ni utiliser des applications ni surfer sur Internet. Je pense qu'elle va perdre des clients à long terme. De nos jours, presque tous les magasins acceptent les paiements par carte et les commandes par Internet.

1 Complétez les phrases avec le vocabulaire des textes.

Ex.: Boris pense qu'il est impossible *de travailler sans technologie.*

1 Boris dit qu'il n'est pas difficile de ....

2 Grâce à Teams ou Zoom, Boris peut organiser ....

3 Pour son travail, Éva doit tous les jours ....

4 Éva dit qu'il est très rapide de ....

5 Medhi pense que sa tante devrait ....

6 La tante de Medhi n'utilise pas d'...
pour son entreprise.

2 Dans les textes, trouvez des synonymes pour les expressions suivantes.

Ex.:	maintenant	*de nos jours*
1	il n'est pas difficile de…	il est facile de
2	nous ne sommes pas obligés de…	nous devons
3	je suis prudent	
4	tous les jours	chaque jour
5	très vite	très rapide
6	dans tous les pays	tout le monde
7	je ne sais pas comment elle fait	
8	elle l'utilise seulement	

> **Top tip**
> Always try to recycle or adapt words, structures and ideas you come across in reading to improve the quality and accuracy of your own work.

◆ **Writing task**

Make a list of some new or interesting expressions and structures from the reading texts and then write a passage about how you and your family use technology at school and for work. Aim to write at least 150 words.

5 The international perspective

5.1 International travel

Learning objective	Filling in the gaps in your vocabulary
Grammar	Using the infinitives

It is important to have a full and wide-ranging knowledge of vocabulary, so you need to be able to identify areas and topics where there are gaps in your knowledge.

Where do I start?

Lisez les phrases. Remplissez le tableau avec le vocabulaire associé aux différents moyens de transport.

1 Au quai numéro 4 *le train* va bientôt partir. Veuillez composter vos tickets avant de monter dans le train.

2 Comme notre vol a du retard, nous devons attendre dans la salle d'embarquement.

3 Mon père aime mieux rouler sur l'autoroute ; moi, je préfère les routes de campagne, mais il y a moins d'aires de repos.

4 Garer sa voiture à l'aéroport est assez cher, alors il vaut mieux prendre la navette pour aller au terminal.

5 Si vous avez besoin de louer une voiture, vous trouverez des sociétés de location de voitures près de la gare.

Voyager en train	Voyager en avion	Voyager en voiture
le train		

◆ Listening tasks

Écoutez Malika et Arthur et complétez les activités.

1 Écrivez, dans le tableau, l'équivalent en français pour chaque mot anglais.

Ex.:	unique	*sans égale*
1	diversity	
2	welcoming	
3	amazing	

4	full of life	
5	to enjoy	
6	to improve	
7	to form	
8	to grow	

2 Réécoutez l'enregistrement et choisissez la bonne option pour chaque phrase.

Ex.: Malika a voyagé **seule** | <u>**accompagnée**</u> | **avec des amies**.

1 Elle a trouvé que le Kazakhstan était **similaire** | **différent** | **décevant** par rapport à d'autres pays.

2 Malika a trouvé que les gens étaient **timides** | **sympa** | **difficiles à comprendre**.

3 Elle dit qu'au Kazakhstan la nourriture est **bon marché** | **chère** | **délicieuse**.

4 Selon Malika le pays est **décevant** | **banal** | **attrayant**.

5 Arthur se rend à l'étranger pour **des raisons personnelles** | **le travail** | **plusieurs raisons**.

6 Il voyage pour **aider** | **rencontrer** | **interroger** des gens.

> **Top tip**
>
> When you see or hear a word you don't know, try to figure out its meaning from the context. When you learn a new word, try to learn related words and other items of vocabulary on the same topic.

◆ Speaking task

Using some of the new vocabulary from this unit, prepare a 1-minute presentation on why you think it is important to travel abroad. You could also mention where you have been (or would like to go). Try to use less common vocabulary in your presentation.

5.2 Weather on holiday

| **Learning objective** | Drawing inferences |
| **Grammar** | Modal verbs in the past |

Sometimes you look out for key words but at other times you have to work out meaning with the information you are given. Inference questions are very common, so you will need to make connections and read between the lines in order to answer the question. Not all answers are spelt out for you word for word!

Where do I start?

Quel temps faisait-il pendant vos vacances ? Remplissez le tableau avec les mots de la case. Il y a des mots qui pourront être utilisés pour les deux climats.

| *nuageux* | le brouillard | la neige | la pluie | humide | le vent | l'orage |
| la mousson | ensoleillé | mouillé | le gel | | | |

Le temps dans un pays 'chaud'	nuageux
Le temps dans un pays 'froid'	nuageux

◆ Reading tasks

Lisez les textes et complétez les activités.

Marcus. J'avais toujours voulu visiter l'Inde. C'était mon rêve. J'avais économisé de l'argent et l'année dernière, j'ai pu aller à New Delhi. Je suis arrivé début août et le premier jour, il faisait chaud. Le deuxième jour, tout était différent car la mousson était arrivée tôt. Immédiatement, les rues ont été inondées et il a beaucoup plu ! Je n'avais jamais vu ça ! Le troisième jour, il y avait une vague de chaleur et la ville est devenue comme un sauna géant. Comme je ne pouvais ni voyager ni visiter la région, j'ai dû rester à l'hôtel le reste de mes vacances. Quelle grande déception !

Julie. En juillet, j'ai passé deux semaines en Italie et le temps était magnifique. La première semaine j'étais dans le nord et le temps était ensoleillé et agréable mais le soir il faisait plus frais et il fallait mettre une veste. On me l'avait dit, alors pas de surprise ! La deuxième semaine, j'étais dans le sud, il faisait très chaud et j'ai dû rester à l'ombre car je ne voulais pas prendre de coups de soleil. Je devais aussi boire beaucoup parce que je transpirais tout le temps. Je ne suis pas habituée à cette chaleur. Par contre, c'était très agréable le soir !

Léna. En février, je suis allée en vacances en Autriche. Je voulais skier et j'ai passé une semaine dans les Alpes. Au début, le temps était froid mais avec beaucoup de soleil et un ciel bleu et on a pu bronzer un peu ! Le troisième jour, il y a eu de terribles tempêtes de neige, les températures ont chuté et nous ne pouvions pas sortir. Le lendemain, il y a eu une avalanche dans la région alors on ne pouvait pas skier ! Heureusement que l'hôtel était bien équipé, avec une piscine et une mini-patinoire !

1 Choisissez la bonne option pour chaque phrase.

Ex.: Depuis **un an | peu | <u>longtemps</u>**, Marcus voulait aller en Inde.

1 Grâce à **ses parents | économies | amis**, Marcus a pu réaliser son rêve.

2 Le premier jour des vacances de Marcus, **il faisait beau | il faisait froid | le temps était horrible**.

3 Le deuxième jour, le temps était **ensoleillé | pluvieux | agréable**.

4 Pendant sa première semaine de vacances, Julie était **déçue | surprise | contente**.

5 Pendant la deuxième semaine, Julie a dû **rester à l'hôtel | se protéger du soleil | se reposer**.

7 Au début de ses vacances, Léna a pu profiter **du soleil | de la piscine | de la patinoire**.

8 Les derniers jours de ses vacances, Léna **a pu skier beaucoup | a pu sortir | a dû rester à l'hôtel**.

2 On parle de qui ? Écrivez les prénoms des personnes : Marcus, Julie ou Léna ?

	Qui....	
Ex.:	... rêvait de ces vacances depuis des années ?	Marcus
1	... a eu froid pendant ses vacances ?	
2	... n'a pas pu sortir de son hôtel à cause du temps ?	
3	... a dû faire attention au soleil ?	
4	... a eu à peu près le même temps pendant toutes ses vacances ?	
5	... a été surpris(e) par le temps ?	
6	... a été déçu pendant ses vacances ?	

Top tip

Don't just rely on key words to help you answer questions. Read between the lines, look out for any clues, use prior knowledge and be aware of synonyms, inferences and other topic-related vocabulary.

◆ **Writing task**

Choose a destination and write an account of a real or imaginary holiday when the weather spoilt your stay in some way.

5.3 Festivals and faiths

Learning objective	Using processes of elimination to find answers
Grammar	Referring to now and before

By learning to exclude the wrong answers or ideas, you are often able to work out the correct answer where you are otherwise not sure. Quite often this process of elimination is a helpful way of dealing with questions. It also enables you to confirm that what you think is correct.

◆ **Listening tasks**

Écoutez l'enregistrement et complétez les activités.

1 Écoutez la première partie : Abraham. C'est vrai ou c'est faux? Écrivez **V** ou **F**.

Ex.:	Tout le monde s'est occupé des préparatifs du festival.	F
1	Au début du festival, les jeunes ont décoré les maisons.	
2	Les parents ont préparé la nourriture.	
3	Abraham a chanté avant de manger.	
4	Abraham portait des vêtements traditionnels.	
5	Aujourd'hui le festival est moins sacré.	
6	De nos jours, les gens respectent les traditions comme avant.	

2 Écoutez la deuxième partie : Perrine. Choisissez la bonne option pour chaque phrase.

Ex.: Perrine **n'est pas contente** | **est contente**.

1 Perrine dit que ces traditions sont **bien connues** | **méconnues**.

2 Perrine **s'intéresse** | **ne s'intéresse pas** aux traditions.

3 Pour **Perrine** | **beaucoup de personnes**, les festivals ne sont qu'une occasion de faire la fête.

4 Perrine **ne porte pas** | **porte** les vêtements traditionnels.

5 Perrine **ne suit pas** | **suit** les coutumes.

6 Perrine **a** | **n'a pas** participé aux préparatifs.

Top tip

Be a detective — do not simply rely on key words to help you answer questions. Listen carefully, use your prior knowledge, and be aware of synonyms, inferences and other topic-related vocabulary. Look carefully at all the options in multiple-choice questions to be sure that you have consciously eliminated the wrong options.

◆ Speaking task

Prepare a 1-minute presentation about a festival or faith tradition that interests you.

5.4 International menus

Learning objective	Reading to help you write (3)
Grammar	Imperatives

Reading French is a great way of picking up new structures, vocabulary and idioms you did not know. The more you read, the more you are exposed to new language or different ways of expressing yourself. Each time you complete a reading task, look out for what you could use to help you write.

Where do I start?

Complétez le tableau ci-dessus.

Ex.: De temps en temps je mange de la cuisine chinoise.

1 Nous allons bientôt aller dans un restaurant marocain.

2 Il a récemment cuisiné un repas italien.

3 Hier, elle a préparé un dessert suisse.

4 Avant, je préférais la nourriture espagnole.

	Ex.:	1	2	3	4
Nationalité	chinoise				
Verbes	manger				
Adverbes	de temps en temps				

◆ **Reading tasks**

Lisez les recettes suivantes et complétez les activités.

Poulet aigre-douce – cuisine chinoise

Ingrédients

- 200 ml de sauce tomate
- 150 g de sucre
- 100 ml de vinaigre de pomme
- 1 cuillère à café de soja
- 1 cuillère à café d'ail finement haché
- 1 filet de poulet sans peau
- sel et poivre
- 2 cuillères à soupe d'huile
- 1 ognon finement haché
- 2 carottes coupées en bâtonnets
- 1 boîte d'ananas

Cuisson

1 Préchauffez le four à 180°C.

2 Pour la sauce: mélangez le vinaigre, le sucre, le sel, le poivre, la sauce tomate et l'ail puis faites mijoter pendant 20 minutes.

3 Faites cuire le poulet au four pendant environ 15 minutes.

4 Faites chauffer l'huile dans une poêle, faites revenir les ognons et l'ail pendant environ 10 minutes puis ajoutez-les à la sauce.

5 Ajoutez l'ananas à la sauce et portez le tout à ébullition pendant quelques instants.

6 Sortez le poulet du four. Coupez-le en morceaux et ajoutez-le à la sauce. Mélangez bien.

7 Servez le poulet aigre-doux avec du riz.

Bon appétit !

Fondant au chocolat – dessert français

Ingrédients

- 250 g de beurre mou
- 250 g de chocolat noir
- 100 g de farine
- 250 g de sucre vanillé
- 3 œufs
- 3 jaunes d'œuf
- 2 cuillères à soupe de lait
- 1 cuillère à café de levure
- de la glace à la vanille
- des fraises et des framboises

Cuisson

1 Préchauffez le four à 220°C.

2 Faites fondre le chocolat et le beurre au micro-ondes ou au bain-marie.

3 Versez le mélange dans un bol.

4 Mélangez les œufs, les jaunes et le sucre.

5 Ajoutez la farine, le lait, la levure puis le mélange chocolaté.

6 Graisser les moules avec du beurre et versez le mélange.

7 Faites cuire au four pendant environ 12 minutes.

8 Démoulez les fondants et servez-les avec de la glace.

9 Ajoutez des fraises et des framboises.

Bon appétit !

1   Mettez les instructions dans l'ordre.

Poulet aigre-douce		Fondant au chocolat	
Préparez la sauce.		Mettez le gâteau au four.	
Mélangez la viande et la sauce.		Faites fondre le beurre et le chocolat.	
Préchauffez le four.	1	Servez avec des fruits.	
Faites cuire les ognons et l'ail.		Mélangez tous les ingrédients.	
Faites cuire la viande au four.		Préparez les moules.	

Cambridge IGCSE French Reading and Listening Skills Workbook

2 Traduisez les instructions suivantes.

Ex.:	Préchauffez le four et graissez les moules.	*Preheat the oven to 180°C and grease the moulds.*
1	Ajoutez du sel et du poivre.	
2	Faites cuire la sauce au micro-ondes.	
3	Utilisez une cuillère pour mélanger.	
4	Versez les ingrédients dans un bol.	
5	Servez la viande avec du riz ou des pâtes.	

Top tip

Harvest everything you can from what you read and reuse it in your own work. All language learning is a kind of recycling, so each time you see a word or a phrase that could be useful, jot it down and go back to it when you need to do a writing assignment.

◆ Writing task

Choose your favourite dish from another country. Write a recipe for it in French. If you don't know how it is made, do some online research. You will need to include a list of ingredients and a set of instructions. The language in the recipes above should help you.

5.5 Environmental problems

Learning objective	Listening to help you speak
Grammar	The conditional tense of *devoir*, *pouvoir* and *falloir*.

Listening to French is a great way of picking up new structures, vocabulary and idioms you did not know. It is also an invaluable way to help you with correct intonation and pronunciation. The more you hear spoken French, the more this will help you with your own speaking because you can imitate and adapt the language you hear.

Where do I start?

Traduisez les phrases suivantes.

Ex.: On devrait acheter des produits plus respectueux de l'environnement. →
   We should buy environmentally friendly products.

1 La déforestation est un problème grave au Brésil.

....

....

2 Je devrais faire plus pour protéger l'environnement.

....

....

3 De nombreuses villes devraient interdire les véhicules au centre-ville.

....

....

4 On pourrait donner plus d'argent pour combattre le changement climatique.

....

....

5 Les émissions de CO_2 sont responsables de l'augmentation des températures.

....

....

◆ Listening task

Écoutez l'enregistrement. Qui mentionne les idées suivantes ? Écrivez **V** (Victor) ou **H** (Héloïse).

Ex.:	les voitures qui polluent	V
1	faire partie d'un groupe environnemental	
2	certains déchets pourraient nuire à notre santé	
3	les voitures électriques	
4	l'énergie nucléaire	
5	protéger l'environnement est important	
6	le végétarisme pourrait être une solution	

Top tip

Don't be afraid to use structures, expressions and new words you come across in listening exercises. Also try to imitate the accent, pronunciation and intonation of the speaker you hear. Get into the habit of reading aloud to yourself and record your voice so you can listen back to hear how good you sound speaking French.

◆ Speaking task

With a friend, choose an environmental problem you have in your area (air pollution, traffic noise, litter) and think of all the possible solutions you can. Compare your answers in French with those of your friend and see who can come up with the most imaginative ideas. Use modal verbs.

 Cambridge IGCSE French Reading and Listening Skills Workbook

En vol

Section 2: Higher level

1   I introduce myself

1.1   My home

Learning objective	How to match up phrases that have the same or a similar meaning
Grammar	Synonyms

Getting an answer right can depend on making connections between nouns that have similar meanings. This happens a lot in multiple-choice questions. For example, *lumière* and *lampe* have connected meanings, so learn to make these connections, whenever you can.

Where do I start?

Faites correspondre le vocabulaire de la liste A au vocabulaire de la liste B.

Liste A		Liste B	
A	J'étais à Paris.	1	Je suis vendeuse.
B	J'ai un chien.	2	La salle de séjour est spacieuse.
C	Je travaille dans un magasin.	3	Je fais une balade.
D	Je vis dans un immeuble.	4	Notre maison est située au cœur de la ville.
E	Le salon est grand.	5	Ma ville n'est pas très propre.
F	Je me promène.	6	Je prends les transports en commun.
G	Je vis au centre-ville.	7	J'ai visité la capitale.
H	Je voyage souvent en train.	8	J'ai un animal de compagnie.
I	Il y a beaucoup de déchets dans les rues.	9	J'habite dans un appartement.

A	7	F	
B		G	
C		H	
D		I	
E		J	

◆ Listening task

Écoutez cette annonce de la société *MaMaison* qui aide les jeunes à acheter leur première maison. Ensuite, dans l'enregistrement, trouvez les mots qui ont un sens très proche des mots du tableau.

difficile	*compliqué*
notre aide	
idéal	

au centre	
l'argent	
50%	
bien	
venir me voir	

Top tip

When you speak, try to think about replacing some of the most common nouns with an alternative. For example, instead of saying *j'ai*, say *je possède* or instead of saying *je vais au parc*, say *je me promène*. This simple trick can help you speak in a more varied and interesting way.

◆ **Speaking task**

Produce a radio advert for a new home and record yourself reading it out.

1.2   My school

Learning objective	Using the gender of nouns to help you
Grammar	Gender of nouns

It is important to know if a noun is masculine or feminine. There are some rules to help you recognise the gender of a noun. For instance, nouns ending in *-tion* and *-té* are feminine; nouns ending in *-isme* and *-ment* are masculine. However, some nouns do not follow those rules, such as *la plage, l'eau (f), la page, la maison, la leçon, le lycée, le musée*. There are also words that can be either masculine or feminine depending on their meaning, e.g. *un livre* (a book) and *une livre* (a pound); *un manche* (a stick) and *une manche* (a sleeve) (also *La Manche* (the English Channel)); *un tour* (a tour, a trip) and *une tour* (a tower).

◆ **Reading tasks**

Paulin parle de son collège. Lisez le texte et complétez les activités suivantes.

Je m'appelle Paulin et j'ai 14 ans. Je vais au collège Victor Hugo qui se trouve près de chez moi. Mon collège me plaît beaucoup. J'ai de la chance car il nous propose des activités différentes tous les trimestres. Ce trimestre, nous avons le choix entre la voile, l'escalade et l'escrime. Génial !

On fait aussi beaucoup de visites scolaires, comparé aux autres collèges de la région. Pour notre dernière visite scolaire, nous sommes allés en Angleterre et nous avons visité une très jolie ville ! Un jour, nous avons fait un tour de la ville et la guide nous a donné plein de renseignements intéressants sur l'histoire de la ville. Il y avait une tour près d'une rivière mais nous n'avons pas eu le temps de la visiter.

Je m'entends très bien avec mes camarades de classe et on s'aide beaucoup. On passe beaucoup de temps ensemble à discuter un tas de choses. Par exemple, hier pendant la pause, nous nous sommes retrouvés dans la cour et nous avons parlé des cours que nous aimions le plus. Presque toutes mes matières me plaisent, mais j'aime surtout les sciences. Je pense que la physique est très importante mais mes amis ne sont pas d'accord avec moi. Eux, ils, préfèrent la biologie.

1 Vrai (**V**) ou faux (**F**)?

Ex.:	Le collège de Paulin est loin de chez lui.	F
1	Paulin peut faire beaucoup d'activités.	
2	En Angleterre, Paulin a visité une tour.	
3	En Angleterre, Paulin a appris beaucoup de choses sur une ville.	
4	Hier, Paulin a parlé avec ses camarades pendant la leçon.	
5	Paulin pense que le collège devrait améliorer la cour.	
6	Les camarades de Paulin pensent que le look est important.	

2 Sur une feuille à part, traduisez les phrases suivantes. Faites attention ! Les mots soulignés ont un sens différent selon leur genre !

Ex.: Un jour, nous avons fait un tour de la ville. → *One day we did a tour of the town.*

1 Ce trimestre nous avons le choix entre la voile, l'escalade et l'escrime.

2 Il y avait une tour près d'une rivière.

3 On s'est retrouvés dans la cour.

4 Nous avons parlé des cours que nous aimions le plus.

5 Je pense que la physique est très importante.

> **Top tip**
>
> Your knowledge and understanding of grammar will be useful in some of your reading and listening tasks, so before answering the questions, think how you can use your grammar to help you. When you write and speak, it is important to show that you know the basic grammar rules. Make sure your adjectives agree and that you use the correct articles and pronouns.

◆ Writing task

Write a paragraph about your school or your subjects. Use the nouns that have two genders and make sure the adjectives agree with the nouns and use appropriate pronouns.

1.3 My eating habits

Learning objective	Expressing preferences
Grammar	Comparatives and superlatives

Learn how to nuance your ideas and opinions and express preferences by using comparatives and superlatives. Don't be afraid to compare things rather than just saying *J'aime…* or *Je n'aime pas…* . It will make your work more interesting to read or listen to and improve the quality of your French.

◆ **Listening tasks**

Écoutez l'enregistrement et complétez les activités.

1 Vrai ou faux ? Cochez (✔) les cases.

		Vrai	Faux
Ex.:	Selon Henriette, la malbouffe est grasse.	✔	
1	Henriette et sa famille mangent de temps en temps de la malbouffe.		
2	La famille d'Henriette aime mieux la nourriture du Japon.		
3	Selon Henriette, la cuisine japonaise n'est pas la plus saine.		
4	Les amis d'Henriette suivent un régime plus sain qu'elle !		
5	Tariq pense que la malbouffe n'est pas le meilleur choix pour être en bonne santé.		
6	Selon Tariq les légumes sont plus savoureux que les bonbons.		
7	Tariq pense qu'il devrait manger plus de biscuits.		

2 Réécoutez l'enregistrement et complétez les phrases avec des superlatifs ou des comparatifs.

Ex.: Henriette pense que la nourriture servie dans un restaurant fastfood est la nourriture la

moins équilibrée.

1 Selon Henriette les repas qu'on trouve dans les restaurants fastfood sont les ....

sains.

2 Henriette pense que la cuisine japonaise est .... pour la santé.

3 Selon la famille d'Henriette, les Japonais mangent le .... sainement.

4 Selon Tariq, le .... moyen de ne pas être malade, c'est d'avoir une alimentation

équilibrée.

5 Tariq dit que les légumes ont .... de gout que les sucreries.

> **Top tip**
> Next time you do a listening exercise, listen out for comparatives and superlatives as a way of
> expressing opinions and preferences. They are far more common than you might think.

◆ **Speaking task**

Work with a partner. Ask each other the following questions. Try to use as many comparatives and
superlatives as you can in your answers.

● Quelle est ta nourriture préférée ?

● Que fais-tu pour rester en forme ?

● Que voudrais-tu faire pour améliorer ton hygiène de vie ?

● Quels conseils donnerais-tu à quelqu'un qui veut être en bonne santé ?

1.4 My body and my health

Learning objective	Learning to deal with 'false friends'
Grammar	Using the infinitive

A 'false friend' is a word in French that looks or sounds a lot like an English word but means something very different. Learning to look out for the most common ones can help you understand French better and avoid making mistakes when you write or speak.

Where do I start?

Pour chaque faux ami, écrivez sa traduction en français.

Ex.: éventuellement → *possibly*

1 actuellement ....

2 blesser ....

3 la chance ....

4 les chips ....

5 demander ....

6 proposer ....

7 sensible ....

◆ Reading tasks

Lisez l'article suivant et complétez les activités.

Des conseils aux ados pour être bien dans leur peau

1 À la question de savoir comment mener une vie saine, il existe de nombreuses réponses. Certains disent que cela ne dépend que de la nourriture que nous mangeons, d'autres pensent que l'exercice physique est le facteur le plus important. En fait, pour <u>rester</u> en bonne santé, il faut avoir une combinaison de toutes ces choses.

2 Essayer de vivre une vie saine nous donne l'impression d'être sur la bonne voie et nous aide à nous sentir bien dans notre peau. Selon certaines personnes, cela nous donne confiance en nous et cela peut éventuellement augmenter encore plus notre niveau de motivation.

3 Nous devons non seulement nous concentrer sur l'alimentation que nous consommons et l'activité physique que nous pratiquons tous les jours, mais nous devons également prendre en compte la façon dont nous commençons notre journée. Notre attitude compte également.

4 Si nous souhaitons changer un aspect de notre santé, comme perdre des kilos ou faire plus d'exercice, il est conseillé de commencer progressivement et de contacter notre préparateur physique qui nous demandera sans doute de passer un petit examen de santé pour éviter de se blesser.

5 Il faut soigneusement choisir les aliments que vous mangez. Souvenez-vous du proverbe « nous sommes ce que nous mangeons ». Tout ce qui entre par notre bouche influence notre corps et certains aliments peuvent avoir des conséquences dramatiques sur notre santé.

6 Une autre chose importante est d'éliminer le stress. C'est un aspect essentiel pour se sentir bien. Nous vivons souvent certaines situations que nous ne pouvons pas changer ; cependant, il est toujours possible d'aborder ces situations d'un autre point de vue. Si vous êtes actuellement stressés, essayez de déterminer ce qui vous stresse et tentez de trouver un aspect positif. Parlez-en aussi à quelqu'un de compréhensif : un ami ou quelqu'un de votre famille. Il est important de parler à quelqu'un quand on a des problèmes.

1 a Dans le texte, soulignez tous les faux amis. Il y en a huit y compris l'exemple.

b Écrivez chaque faux ami dans le tableau avec sa traduction.

	Mot français	Traduction
Ex.:	rester	to stay
1		
2		
3		
4		
5		
6		
7		

2 Copiez les phrases avec les faux amis mais remplacez les faux amis par un synonyme.

Ex.: Pour *rester* <u>être</u> en bonne santé, il faut une combinaison de toutes ces choses.

1 … cela peut *éventuellement* ………………………………… augmenter encore plus notre niveau de motivation…..

2 … nous commençons notre *journée* …………………………………

3 … qui vous demandera sans doute de *passer* ………………………………… un petit examen de santé…

4 … pour éviter de *se blesser* …………………………………

5 … certains aliments peuvent avoir des conséquences *dramatiques* ………………………………… sur notre santé.

6 Si *actuellement* vous êtes..................................... stressés...

7 Parlez-en aussi à quelqu'un de *compréhensif* ....

> **Top tip**
> Make a list of your top ten false friends and try to use one or two of them regularly and correctly each time you do a speaking task.

◆ **Writing task**

Choose between six and eight false friends covered in this unit or that you already know and make sentences in French relating to a time when you have injured yourself. Then, ask your partner to translate the sentences.

2   My family and my friends, at home and abroad

2.1   Self, family, pets, personal relationships

Learning objective	Spotting synonymous verbs
Grammar	Reflexive verbs

Synonyms are words that look and sound different but have the same or a similar meaning. Learning to recognise and use common synonymous verbs can help you to both understand French better and make your French sound more interesting and varied. Using synonyms also avoids repetition.

Where do I start?

Faites correspondre les verbes qui ont le même sens. Écrivez les verbes dans le tableau.

Verbe	Synonyme
parler	*bavarder*
faire du shopping	
essayer	
regarder	
agacer	

Verbe	Synonyme
ignorer	
rire	
se disputer	
se moquer	
avoir l'intention	

ridiculiser	envisager	s'amuser	tenter	voir	se fâcher
bavarder	faire les magasins	être indifférent	embêter		

◆ Listening tasks

Chloë et Faisal parlent de leur famille. Écoutez l'enregistrement et complétez les activités.

1 Écrivez les synonymes que vous entendez.

Ex.:	s'entendre	**ne pas se disputer**
1	on est souvent ensemble	
2	nous sommes membres	
3	on se dit tout	
4	ça m'est égal	
5	nous fréquentons	
6	on se retrouve	

2 Vrai (**V**) ou faux (**F**)?

Ex.:	Chloë s'entend assez bien avec sa sœur.	V
1	Chloë et sa sœur ne se voient pas souvent pendant la semaine.	
2	Chloë se confie facilement à sa sœur.	
3	Faisal s'ennuie beaucoup car il n'aime pas être fils unique.	
4	Faisal ne voit ses cousins que le weekend.	
5	Faisal et ses cousins ont beaucoup de similarités physiques.	

Top tip

Look out for synonymous verbs in both reading and listening exercises as their usage at IGCSE is very common. Aim also to use synonyms in your own writing and speaking to avoid repetition, add variety and make your work sound more interesting.

◆ Speaking task

Work with a partner. Ask them at least five questions about their family and friends. Make sure your questions include reflexive verbs.

2.2 Life at home

Learning objective	Using the tense of the verbs to help you
Grammar	Past, present and future tenses

Getting an answer right can depend on recognising the ending of a verb. When you listen or read it is important not just to know what is happening, but who is doing the action of the verb and whether it is a past, present or future time frame.

◆ **Reading tasks**

Lisez le blog et complétez les activités.

Les jeunes et les tâches ménagères
Tu fais quoi pour aider chez toi ?

Grégoire. Je n'aime pas du tout faire mes corvées, mais comme nous sommes sept à la maison, il est important que tout le monde aide ! Moi, je passe l'aspirateur tous les jours et je sors les poubelles. Avant, je débarrassais la table au lieu de sortir les poubelles, mais c'est mon petit frère qui doit le faire maintenant.

Amara. Chez nous, c'est moi qui m'occupe de faire à manger ! Je prépare tous les repas du soir dès que je rentre du lycée. Mes parents travaillent de longues heures, donc ça les aide énormément ! Je commande la nourriture sur Internet et on se fait livrer chaque lundi. C'est moi qui choisis ce qu'on achète car c'est moi qui cuisine ! Avant, je donnais une liste à mon père et il faisait les courses, mais c'est plus pratique de commander sur Internet.

Lison. Hier, comme d'habitude, j'ai tondu la pelouse et j'ai fait la poussière. Ça ne fait pas longtemps que j'ai commencé à tondre la pelouse car avant, mes parents avaient peur que je ne me blesse. Comme j'ai 16 ans maintenant, ils pensent que je peux faire attention et ils me font confiance. En ce qui concerne la poussière, je la fais depuis l'âge de dix ans environ, si je me souviens bien.

Albert. Je ne fais pas grand-chose à la maison ; de temps en temps, je lave la vaisselle et je mets le couvert ! J'ai de la chance, je pense, car tous mes copains doivent tous les jours aider à la maison. Mon père travaille à mi-temps, alors il dit qu'il a le temps de s'occuper de la maison. Dans deux semaines, mon père va aller en Belgique pour son travail alors, quand il sera parti, c'est moi qui ferai le ménage et qui nettoierai la maison.

1 Pour chaque infinitif, trouvez, dans le texte, le verbe conjugué. Écrivez les verbes dans le tableau selon leur temps.

Infinitif	Imparfait	Passé composé	Présent	Futur
passer l'aspirateur			je passe l'aspirateur	
débarrasser				
faire les courses				
sortir les poubelles				
tondre la pelouse				
faire la poussière				
faire le ménage				

2 Cochez (✔) les trois affirmations qui sont vraies. Ne comptez pas l'exemple.

Ex.:	Grégoire doit passer l'aspirateur chez lui.	✔
1	Grégoire doit débarrasser la table tous les jours.	
2	Le frère cadet de Grégoire sort les poubelles avec lui.	
3	Le père d'Amara est allé faire les courses hier.	
4	Amara cuisine tous les soirs.	
5	Pour aider à la maison, Lison passe la tondeuse.	
6	Lison doit tondre la pelouse depuis l'âge de dix ans.	
7	Quand son père sera en Belgique, Albert devra aider plus.	
8	D'habitude, Albert fait le ménage chez lui.	

> **Top tip**
> When you write, make sure that you use verbs carefully. In the longer writing tasks, try to use a wide range of tenses.

◆ Writing task

Write a blog about what you do at home to help. Try to use at least four tenses. You can include what you used to do when you were younger, what you did recently, what you do every day and what you will or would do.

2.3 Leisure, entertainments, invitations

Learning objective	Dealing with 'recall' questions, relying on your topic specific knowledge
Grammar	Verbs followed by a preposition (*à*, *de*)

Some questions will target specific vocabulary for each theme, and to answer them you will need to be confident with that vocabulary.

◆ Listening tasks

Écoutez l'enregistrement et faites les activités.

1 Léa, Enzo et Fleur parlent de leurs loisirs. Répondez aux questions.

Who...

Ex.: is interested in learning the drums? **Léa**

   1 would like to become a member of a scuba diving club? ....

   2 regularly goes to concerts? ....

   3 used to play the violin? ....

   4 recently attended a play? ....

   5 has been a member of an orchestra for several years? ....

2 Réécoutez l'enregistrement et sur une feuille à part, écrivez ce que dit chaque jeune, en français. Puis écrivez la traduction.

Léa: *Bonjour, je m'appelle Léa et je…*

Enzo

Fleur

> **Top tip**
> Make sure you learn the key vocabulary for each topic and revise it regularly.

◆ **Speaking task**

Write a paragraph about your free time and read it out to a partner. Try to use any new words you learned in this unit.

2.4 Eating out

Learning objective	Understanding implied ideas
Grammar	Subordinate clauses

Points of view are not always expressed directly or explicitly; they are sometimes implied. You will therefore have to infer points of view from verbs, adjectives or certain phrases that people use to express themselves. In other words, you will often have to read between the lines.

◆ **Reading tasks**

Lisez les textes et complétez les activités.

Aïssa. On entend souvent dire que la nourriture chinoise n'est pas aussi bonne qu'on ne le pense. À mon avis, si on choisit bien son restaurant, on peut trouver des plats savoureux. En fait, la plupart des restaurants chinois que je connais offrent de la nourriture de très bonne qualité mais il est vrai qu'il y en a un ou deux qui sont plutôt médiocres. Mes parents ne sont pas d'accord avec moi alors ils ne veulent jamais y aller. Ils trouvent la nourriture chinoise trop grasse et trop riche en calories.

Pierre. Quand j'étais plus jeune, je ne mangeais que des plats à emporter. À l'époque, je trouvais que les frites et les hamburgers étaient délicieux. Maintenant, j'ai changé d'avis et je ne mange plus de ce genre de nourriture. Je préfère manger des plats plus raffinés dans de bons restaurants qui sont, il faut le dire, relativement chers. Cependant, je n'y vais pas souvent, alors ça ne me dérange pas de payer assez cher pour de la nourriture de qualité une fois de temps en temps. Ma sœur n'est pas d'accord avec moi et elle consomme de la malbouffe assez régulièrement.

Coralie. Avant d'aller à l'université, je me disputais toujours avec mes parents au sujet de la nourriture, mais maintenant je comprends beaucoup mieux leurs raisons. Pendant ma première année à la fac, j'ai mangé beaucoup de malbouffe car c'était moins cher et plus pratique mais au bout de quelques mois, j'ai senti que cette nourriture avait des effets négatifs sur ma santé. Mes parents ne voulaient pas que je mange des plats gras tous les jours car ils s'inquiétaient pour ma santé, et ils avaient raison ! Maintenant, je suis du même avis qu'eux.

1 Cochez (✔) les **cinq** affirmations qui sont mentionnées dans les textes.

1	Certaines personnes pensent que la nourriture chinoise est mauvaise.	
2	Aïssa et ses parents ont le même avis sur la nourriture chinoise.	
3	Pierre n'a jamais mangé de plats à emporter.	
4	Pierre va régulièrement dans des restaurants assez chers.	
5	La sœur de Pierre n'aime pas dépenser trop d'argent pour sa nourriture.	
6	Avant, Coralie et ses parents n'avaient pas le même avis en ce qui concerne la malbouffe.	
7	Quand elle était à l'université, Coralie consommait beaucoup de nourriture malsaine.	
8	Coralie pense que la malbouffe est mauvaise pour la santé.	

2 Relisez les textes et complétez les phrases ci-dessous avec des mots de la liste. Il y a certains mots que vous n'utiliserez pas.

Ex.: Aïssa pense que la nourriture de certains restaurants est *décevante*.

1 Aïssa dit que ses parents ne pensent pas que la nourriture chinoise soit ....

2 Avant, Pierre mangeait .... des plats à emporter.

3 Maintenant, la malbouffe ne plait .... à Pierre.

4 La sœur de Pierre ne veut .... dépenser beaucoup d'argent pour sa nourriture.

5 Avant, Coralie pensait que ses parents avaient .... en ce qui concerne son alimentation.

6 À la fac, Coralie dit qu'elle avait une alimentation assez ....

pas	plus	*décevante*	saine	malsaine
souvent	rarement	raison	tort	encore

Top tip

Read carefully to recognise contrasting opinions and learn to focus on key ideas in everything you read rather than focusing too closely on one or two specific words. Sometimes you need to eliminate certain ideas.

◆ Writing task

Use the language from the tasks in this unit to write a passage about eating out, where you give your own opinion but also say what someone else thinks. Then ask your partner to read it and ask them to write down who thinks what.

2.5 Special occasions

Learning objective	Avoiding distractors in multiple-choice questions
Grammar	Perfect tense

Learning how to sift through information is an important skill especially in a multiple-choice exercise. Very often there are distractors: words or phrases that appear in the text but are not the correct answer to the question you have been asked. You have to learn to focus on the correct answer and ignore these distractions.

◆ **Listening tasks**

Écoutez l'enregistrement et complétez les activités. Marceau parle de son anniversaire.

1 Remplissez le tableau suivant avec les informations de l'enregistrement.

Jours mentionnés	Personnes mentionnées	Heures mentionnées	Activités mentionnées
mardi			

2 Réécoutez Marceau et <u>soulignez</u> la bonne réponse pour chaque phrase.

Ex.: Marceau a fêté son anniversaire avec ses copains **mardi** | **mercredi** | <u>**le weekend dernier**</u>.

1 Pour son anniversaire, Marceau **est allé au restaurant** | **est resté chez lui** | **a mangé de la nourriture italienne** avec ses parents.

2 La fête a fini à **20 heures** | **22 heures** | **minuit**.

3 Lina est arrivée en retard car c'était **son anniversaire** | **l'anniversaire de sa sœur** | **l'anniversaire de son frère**.

4 Pendant sa fête, Marceau **n'a pas écouté de musique** | **n'a pas joué à des jeux** | **a dansé**.

5 Les amis de Marceau ont trouvé la fête **trop bruyante** | **formidable** | **nulle**.

> **Top tip**
> You know that there will always be distractors in multiple-choice questions, so listen carefully for negatives, a change of time frame, use of synonyms or words that sound similar to the answer, change of place, person or event in the original passage.

◆ **Speaking task**

Work with a partner. Write down five questions about the topic of celebrations and take it in turns to ask and answer the questions. Think of questions in different tenses and use a range of questions words (when, who, why, what, which).

2.6 Going on holiday

Learning objective	Dealing with narrative sequences
Grammar	Perfect, imperfect and pluperfect tenses

Sometimes everything you need to understand to answer a question is all in the same sentence, but it is also important to be able to follow extended sequences of information, where you hear a story or longer account of events. These are often, but not always, accounts using past tenses.

◆ **Reading task**

Lisez le blog et complétez l'activité.

Un début de vacances catastrophique !

Je viens de rentrer de vacances mais quelles vacances ! Cela a été catastrophe après catastrophe dès le jour du départ !

Dès que nous avons quitté la maison, les problèmes ont commencé ! On avait à peine fait 5 kilomètres que mon petit frère s'est rendu compte qu'il avait oublié son sac à dos, alors nous avons dû faire demi-tour ! Une fois arrivés à l'aéroport, mes parents ne savaient pas où ils avaient mis les tickets ! Ils les avaient en fait laissés dans la voiture, alors mon père est allé les chercher en courant car nous devions commencer à faire la queue !

L'enregistrement des bagages s'est bien passé, mais quand nous sommes finalement arrivés dans la salle d'embarquement, nous étions les derniers à monter dans l'avion. En effet, ma petite sœur avait perdu sa peluche préférée alors il avait fallu qu'on la cherche partout ! Quel stress ! Dans l'avion, après le décollage, mon petit frère s'est mis à pleurer car il avait peur... je me suis dit que le vol allait être horrible si mon frère n'arrêtait pas de pleurer... mais heureusement, au bout de 10 minutes, il s'est calmé et les trois heures de vol se sont bien passées !

Quand nous avons atterri, j'ai commencé à angoisser ! Est-ce que nos valises allaient être à l'aéroport ? Nous étions en train de nous avancer vers le tapis roulant pour récupérer nos valises quand j'ai remarqué que toutes nos valises étaient là, sauf la mienne ! Ma valise était facile à reconnaitre car elle était rouge avec de gros pois blancs ! Je voyais les valises de mes parents mais pas la mienne ! Mes parents ont pris leurs valises et on a attendu... finalement, ma valise est arrivée au bout d'un quart d'heure. J'étais vraiment soulagée !

Mon père avait réservé un taxi alors quand nous sommes sortis de l'aéroport, une voiture nous attendait. Le trajet jusqu'à notre hôtel n'a duré que 10 minutes. Comme nous avions eu un bon nombre de petits problèmes, je m'attendais à une autre catastrophe à l'hôtel.... Et j'avais raison... notre réservation n'avait pas été faite correctement mais comme le directeur de l'hôtel était très gentil et très professionnel, tout s'est rapidement arrangé ! Après ce début de vacances mouvementé, le reste de nos vacances s'est passé sans aucun souci !

Mélissandre

Dans chaque phrase, il y a une ou deux erreurs. Sur une feuille à part, corrigez les phrases selon ce qu'a écrit Mélissandre.

Ex.: Au bout de dix kilomètres, la famille a dû faire demi-tour. → *Au bout de cinq kilomètres, la famille a dû faire demi-tour.*

1   Quand ils sont arrivés à l'aéroport, les parents de Mélissandre avaient tous leurs documents.

2   Avant d'embarquer, toute la famille a attendu une heure dans la salle d'attente.

3   Le petit frère de Mélissandre a commencé à pleurer dès qu'ils sont montés dans l'avion.

4   Quand l'avion a atterri, Mélissandre était très calme.

5   La valise de la mère de Mélissandre est arrivée 10 minutes après celle de Mélissandre.

> **Top tips**
> Pick a topic each day on the way to school and practise narrating events in the past.

◆ Writing task

Write a blog post about a disastrous holiday.

2.7   Family and friends abroad

Learning objective	Avoiding distracting ideas
Grammar	Present and conditional tenses

The aim of this unit is to help you pay more attention when you listen. In your listening comprehension tasks, there will be distracting information that you will need to ignore in order to answer the questions correctly.

Where do I start?

Lisez les phrases et identifiez les mots qui correspondent aux catégories suivantes. Écrivez les mots dans le tableau. Vous pouvez utiliser un dictionnaire.

Ex.: On habite en France mais un jour, ma sœur aimerait vivre en Suisse.

1   S'ils avaient le choix, mes parents iraient habiter à Monaco.

2   Je voudrais apprendre le basque, une langue qu'on parle dans le sud de la France.

3   Le rêve de mon frère serait de passer sa vie en Guadeloupe.

4   Ma mère préférerait rester ici, mais mon père aurait envie de déménager.

	Personnes	Les verbes au conditionnel	Endroits
Ex.:	on ma sœur	aimerait	Suisse
1			
2			
3			
4			

◆ Listening tasks

Écoutez l'enregistrement et complétez les activités.

1 Écoutez Brice, Célia et Marcus. Qui parle de quels pays ? Reliez les personnes et les pays.

Brice : f ....

Célia : ....

Marcus : ....

a les Antilles	b le Gabon	c la Martinique	d la Suisse
e la Belgique	f *le Québec*		

2 Réécoutez l'enregistrement et cochez (✔) les trois affirmations qui sont vraies.

1	Brice s'est toujours plu où il habite en ce moment.	
2	Le père de Brice est né dans un autre pays.	
3	Les parents de Brice voudraient bien changer de pays.	
4	Célia déménage souvent.	
5	Célia n'aime pas le pays où elle habite actuellement.	
6	Célia aimerait rester toujours dans le même pays.	
7	Marcus vit en France.	
8	Les parents de Marcus sont italiens.	
9	Les parents de Marcus aimeraient retourner vivre dans leur pays natal.	
10	Marcus voudrait aller vivre dans le pays natal de ses parents.	

Top tip

One word that you understand will not usually be enough to form your answer. You need to listen carefully and use everything you hear.

◆ Speaking task

Choose a French-speaking country and prepare an oral presentation explaining why you would like to live there. Then, present it to your partner and ask them to make some notes.

3 Where I live and what it's like

3.1 Home town and geographical surroundings

Learning objective	Spotting synonymous adverbial phrases
Grammar	Adverbs

It is useful to be able to recognise and use adverbs that have the same or a very similar meaning. Examples in English are 'often' and 'frequently'. They both have the same meaning and are readily interchangeable.

Where do I start?

Pour chaque adverbe dans le tableau, choisissez deux synonymes parmi les adverbes ci-dessous.

| constamment | subitement | continuellement | tous les jours | chaque jour |
| habituellement | *normalement* | tout à coup | environ | presque |

Adverbes	Synonyme 1	Synonyme 2
d'habitude	*normalement*	
à peu près		
quotidiennement		
sans cesse		
soudainement		

◆ Reading tasks

Lisez les textes et complétez les activités.

Hassan. J'ai <u>toujours</u> vécu dans une grande ville et bien sûr, il est normal de voir des bâtiments, beaucoup de circulation et plein de monde au quotidien. Le bruit, l'agitation et la surpopulation jouent un rôle essentiel dans ma vie et je ne pourrais pas du tout vivre à la campagne, où tout est calme. J'ai besoin d'un endroit animé où il se passe beaucoup de choses. Avoir des divertissements et un centre commercial à proximité sera sans aucun doute un aspect important quand je déciderai où vivre à l'avenir.

Anne-Marie. Je vis à la campagne depuis que je suis née et je suis complètement habituée à ce rythme de vie. Je ne m'imagine pas vivre dans une ville immense car la nature et la tranquillité me manqueraient terriblement. Cependant, il y a quand même des choses ici qui m'ennuient un peu. Notre connexion Internet n'est pas du tout fiable, surtout à l'intérieur de la maison, alors des fois il faut que j'aille dehors pour obtenir une meilleure connexion ou

appeler mes amies. De plus, nous avons seulement deux bus par jour pour aller en ville. Toutefois, ce sont des détails mineurs car l'air frais, le cadre de vie et la paix sont plus importants pour moi.

Yohann. En ce moment, je vis dans une petite ville de la côte atlantique. La plage est très belle et je vais tous les jours me baigner car nous habitons à environ 100 m de la plage. Je sais que j'ai de la chance et je me le répète sans cesse, surtout quand je me plains des touristes ! En haute saison, ma ville est submergée par les touristes mais le tourisme est essentiel pour les petits commerces. Cependant, l'impact du tourisme est sans aucun doute négatif. En basse saison, ma ville est déserte et plus paisible.

1 <u>Soulignez</u> **au moins 12** adverbes ou locutions adverbiales.

2 Relisez les textes et complétez les phrases avec un synonyme pour les adverbes ou locutions adverbiales. Choisissez les adverbes ou les locutions adverbiales de la case.

Ex.: Hassan est habitué à voir beaucoup de monde ***tous les jours***.

1 Hassan dit qu'il ne pourrait .... pas partir de la ville.

2 Plus tard, Hassan veut avoir des magasins .... de chez lui.

3 La vie à la campagne manquerait .... à Anne-Marie.

4 La connexion Internet est .... mauvaise chez elle.

5 .... elle doit sortir pour téléphoner.

6 Yohann habite .... près de l'océan Atlantique.

7 Yohann se dit .... qu'il est chanceux d'habiter dans sa ville.

énormément	absolument	presque	rarement	quelquefois
actuellement	constamment	brusquement	*tous les jours*	
particulièrement	tout près	un petit peu	environ	

Top tip

Adverbs are common yet very useful words. The more of them you know, the better your understanding of French will be. Try to use a variety of them to make your work more interesting and avoid boring, common words.

◆ **Writing task**

Make a list of any new adverbs from this unit and write about where you live, using as many adverbs as possible.

3.2 Shopping

Learning objective	Using adverbs and adverbial expressions
Grammar	Adverbs and adverbial expressions

To understand in depth and detail you often need to be clear about not just what happens, but how it is happening. We all know adverbs describe verbs, but sometimes adverbial expressions are used. For example, instead of saying 'He worked lazily', we could say 'He worked in a lazy way'.

Where do I start?

Faites correspondre le vocabulaire de la liste A au vocabulaire de la liste B.

Liste A		Liste B	
A	attentivement	1	suddenly
B	confortablement	2	easily
C	soudainement	3	as a rule
D	tout de suite	4	differently
E	facilement	5	speedily
F	normalement	6	attentively
G	différemment	7	without doubt
H	rapidement	8	straight away
I	certainement	9	comfortably
J	sans aucun doute	10	certainly

A	6	F	
B		G	
C		H	
D		I	
E		J	

◆ Listening tasks

Écoutez l'enregistrement et complétez les activités.

1 Écrivez **au moins six** adverbes que vous entendez et écrivez ce qu'ils décrivent.

Adverbes	Ce qu'ils décrivent
normalement	faire les courses dans les magasins

2 Réécoutez l'enregistrement et cochez (✓) les quatre affirmations qui sont vraies.

1	D'habitude, elle fait ses courses sur Internet.	
2	Ses amies ont depuis peu décidé de faire leurs achats en ligne.	
3	Selon ses amies, faire ses courses en ligne est vraiment génial.	
4	Selon elle, faire les courses dans les magasins peut être fatigant.	
5	Quand elle va dans les magasins, c'est assez calme.	

6	Elle trouve l'expérience en ligne moins stressante.	
7	Elle a décidé de faire ses courses seulement en ligne à partir de maintenant.	
8	Elle dit qu'Internet a un impact négatif sur les petits magasins de sa ville.	
9	Elle va complètement arrêter de faire ses achats en ligne.	

> **Top tip**
> Learn a list of useful adverbs and adverbial phrases to add variety and impress the examiners.

◆ **Speaking task**

Produce a short radio advert for a shop in your area using as many adverbial phrases as you can. It is a good idea to record yourself and save the recording to help you revise later on.

3.3 Public services

| **Learning objective** | Dealing with 'process questions', relying on your detailed understanding of the passage |
| **Grammar** | Range of tenses |

In some questions you will need to process the information you read and select the appropriate bits. You may have to deal with negatives, other people, different tenses etc. It is important to read carefully instead of drawing conclusions based on one or two words.

◆ **Reading task**

Lisez ce que disent Boris, Annelle et Roméo. Dans chaque texte, remplissez les blancs avec les mots donnés.

Boris. La semaine dernière, mes parents *sont allés* à la banque pour ....

des dollars puisque nous allons .... aller en vacances aux États-Unis.

Ils .... changer 2000 euros en dollars mais, au guichet, la personne

leur a dit qu'il n'était pas .... d'avoir tant d'argent sur soi alors elle

leur a conseillé de commander .... bancaire internationale et c'est ce

qu'ils ont fait.

| *sont allés* | voulaient | bientôt | prudent | une carte | commander |

Annelle. Hier, ma sœur est allée à la banque pour déposer l'argent qu'elle avait

.... pour son anniversaire. Elle n'a eu ....

cadeau, que de l'argent car en ce moment elle économise pour s'acheter un nouveau portable. Quand elle a déposé l'argent à la banque, il lui ....

50 euros. Elle s'est mise à paniquer car elle .... avoir perdu

un billet mais quand elle est revenue à la maison, elle a trouvé les 50 euros sur son

.... !

| pensait | aucun | manquait | lit | reçu |

Roméo. Hier, je suis allé à la banque pour .... de l'argent de

mon compte. Ils m'ont demandé de présenter une .... d'identité, soit

mon permis de conduire ou ma carte d'identité. Malheureusement, j'avais oublié mon

.... chez moi alors je n'avais rien sur moi. J'ai demandé s'ils

pouvaient me donner de l'argent .... pièce d'identité puisqu'ils me

connaissaient bien, mais ils ont .... J'ai dû retourner à la maison

pour aller chercher mes papiers !

| pièce | refusé | retirer | portefeuille | sans |

Top tip

Always read the sentences very carefully and do not focus on individual words.

◆ **Writing task**

Write an account about the last time you went into town and encountered problems at various services. Choose at least two services and explain what happened, giving a lot of detail. Try to use as many new words as possible.

3.4 Natural environment

Learning objective	Using knowledge of issues to fill gaps
Grammar	Negatives

By using your prior knowledge, you can often predict answers quite accurately for fact-based topics such as the environment, science etc. This skill is particularly useful for gap-fill exercises. Use your wider knowledge to help you answer comprehension questions but always make sure that you use the information given in the text.

Where do I start?

Traduisez les phrases suivantes sur une feuille à part.

Ex.: Il ne recycle jamais et il ne fait aucun effort pour protéger l'environnement. → **He never recycles and makes no effort to protect the environment.**

1 Mon frère n'est pas du tout écolo.

2 Elle ne mange pas de viande et elle n'achète pas de produits en cuir.

3 Personne n'a le droit de détruire les forêts tropicales. Elles appartiennent à tout le monde.

4 Nous n'avons pas encore trouvé d'autres solutions au changement climatique.

◆ Listening tasks

Angélique et Gaël parlent de l'environnement. Complétez les activités.

1 a Avant d'écouter l'enregistrement, faites correspondre les problèmes aux endroits. Écrivez les endroits dans le tableau.

l'Australie	le Bangladesh	la mer Méditerranée	le Brésil	le pôle Nord

Ex.:	la destruction des forêts tropicales	*le Brésil*
1	la montée du niveau des eaux	
2	les inondations	
3	la sécheresse	
4	les feux de forêts	
5	la surpêche	
6	la fonte des glaces	*u p⅔ nord*

b Maintenant, écoutez l'enregistrement et vérifiez si vos réponses sont correctes.

2 a Réécoutez Angélique et Gaël et remplissez les blancs avec les mots donnés. Servez-vous aussi de votre connaissance de l'environnement et des règles grammaticales.

Ex.: Angélique s'inquiète de l'*avenir* de la nature.

1 Au Bangladesh, les inondations se produisent ....

2 À cause du ...., l'Australie connait de plus en plus

d' ....

3 Dans la mer Méditerranée, la .... entraine un manque

de poissons.

4 Selon Angélique, le... est lié à la

.... excessive générée par nos industries.

5 Gaël pense qu'on s'inquiète à tort de la .... actuelle car selon lui les .... qu'on connait sont liés au cycle de la nature.

incendies	pollution	situation	changement climatique	annuellement
avenir	changements	réchauffement de la Terre	surpêche	

b Réécoutez l'enregistrement et vérifiez vos réponses.

Top tips

When you do a listening comprehension, try to anticipate what a possible answer could be. You know a lot about many different topics so put that prior knowledge to good use whilst answering gap-fill exercises or even comprehension questions. Don't forget to use your knowledge of grammar too.

◆ Speaking task

Choose one or two areas in the world and prepare a speech in French of about 60–90 seconds to present what environmental issues they are facing. Before you read it out to your partner, tell them what area(s) you have chosen and ask them to write down a list of issues that they think you are likely to talk about. When you read your speech out to them, tell them to tick the issues they had correctly pre-empted.

3.5 Weather

Learning objective	Learning to deal with contrasting ideas or vocabulary
Grammar	Use of *faire* in weather expressions

Quite often you will hear or read contrasting information. To answer a question you need to pick out the correct idea and eliminate the ideas or information that might distract you. Often this information contains different time frames or negatives.

Where do I start?

Lisez les phrases suivantes et <u>soulignez</u> deux mots ou expressions qui s'opposent.

Ex.: À Lille il y aura des <u>averses</u>, cependant à Paris il y aura des <u>éclaircies</u>.

1 Hier il a plu et demain il pleuvra aussi.

2 Chez nous, il fait tout le temps froid en hiver mais en été il pleut rarement.

3 Aujourd'hui, il y aura des orages mais demain le temps s'améliorera.

4 Il a arrêté de neiger mais il reneigera en fin de semaine.

5 Le temps s'est dégradé, or on s'attend à une amélioration pour la semaine prochaine.

◆ Reading tasks

Lisez les prévisions météorologiques et complétez les activités.

Les prévisions météorologiques pour Québec
Lundi 8 mars

Depuis quelques jours, le soleil est au rendez-vous et nous profitons de températures très clémentes mais attendez-vous à un changement dans les prochains jours. La semaine à venir va être très perturbée et très différente de ce que nous connaissons depuis une dizaine de jours. Ce temps très printanier, très inhabituel pour cette période de l'année, est sur le point de changer.

Les nuages, absents pour le moment, vont commencer à arriver après-demain et ils seront accompagnés de légères averses. Ces averses sont à prévoir à partir de jeudi matin. Les températures vont chuter progressivement… après des températures situées entre 8°C et 10°C pendant la journée, nous allons voir notre thermomètre baisser jusqu'à –4°C. La neige, elle aussi, va revenir… les flocons commenceront à tomber à partir de vendredi. La dernière fois que nous avons eu de la neige, il en était tombé une dizaine de centimètres par jour. Cependant, cette semaine, elle sera moins abondante. On pourra tout de même faire de bons bonshommes de neige ! Compte tenu des températures, les chutes de neige dureront quelques jours.

1 Lisez le texte et cochez (✔) les phrases qui sont vraies. Il y en a trois (ne comptez pas l'exemple).

Ex.:	En ce moment, il fait beau à Québec.	✔
1	À Québec, le temps vient de changer.	
2	En ce moment, ils ont un temps très hivernal.	
3	Le temps va être nuageux.	
4	Il va bientôt pleuvoir.	
5	Il va faire 10°C en fin de semaine.	
6	On prévoit de la neige.	
7	Cette semaine il va tomber environ 10 cm de neige par jour.	

2 Relisez les prévisions et corrigez le texte ci-dessous. Il y a huit erreurs, y compris l'exemple. Récrivez le texte sur une feuille à part.

À Québec, **il pleut** depuis quelques jours et il fait assez froid mais le temps va bientôt changer. Le temps qu'il fait en ce moment est conforme aux prévisions pour la saison. Le temps nuageux est sur le point de disparaitre mais des orages sont à prévoir dès jeudi matin. Il va faire de moins en moins froid, ce qui va changer des –4°C que nous venons d'avoir. Il faut aussi s'attendre à de nouvelles chutes de neige, mais cette fois-ci, nous aurons bien plus de neige.

Ex.: À Québec, il y a du soleil…

◆ **Writing task**

Write the weather forecast for your region and include contrasting ideas. You could choose hot/cold or past/present, for example, but try to be creative and use different tenses.

3.6 Finding the way

Learning objective	Identifying adverbs of quantity and any other qualifying details
Grammar	Adverbs of quantity

Picking out expressions of quantities or any other qualifying details is very important. You need to listen carefully to show precise comprehension.

Where do I start?

Lisez les phrases et identifiez les mots qui correspondent aux catégories suivantes. Écrivez les mots dans le tableau.

1   L'office de tourisme est juste derrière la gare.

2   L'hôtel de ville est près de la gare routière.

3   L'aire de jeux est au milieu du jardin public.

4   L'aquarium est presqu'en face du commissariat.

5   Il faut aller tout droit jusqu'au passage piéton, puis tourner après les feux.

	1	2	3	4	5
Endroits/ attractions	l'office de tourisme				
Prépositions					
Adverbes de quantité					

◆ **Listening tasks**

Écoutez l'enregistrement et complétez les activités.

1 Complétez le tableau avec les mots de la case. Écrivez les endroits qui sont mentionnés dans la première colonne, puis les autres informations dans la deuxième colonne.

	Endroits mentionnés	Autres informations
Personne 1	la station de métro	les feux
Personne 2		
Personne 3		

les feux	le rond-point	l'avenue	le chemin	à gauche	le pont	la rivière
une petite rue à droite	à droite	à gauche	le dernier bâtiment au bout de la rue			
le commissariat	l'hôtel de ville	*la station de métro*				

2 Réécoutez l'enregistrement et cochez (✔) les trois affirmations qui sont vraies. Concentrez-vous maintenant sur les détails !

1	La station de métro se trouve bien avant les feux.	
2	Pour aller à la station de métro, il faut faire environ 500 m à pied.	
3	Pour aller au commissariat, il faut aller plus loin que le rond-point.	
4	L'homme dit que le commissariat se trouve au début la rue.	
5	Pour se rendre à l'hôtel de ville, il faut normalement un peu moins de 10 minutes à pied.	
6	Pour se rendre à l'hôtel de ville, après le pont, il faut immédiatement aller à droite.	
7	Pour se rendre à l'hôtel de ville, il faut s'éloigner de la rivière.	
8	Après le chemin, l'hôtel de ville est facile à trouver.	

Top tip

Make sure you acquire a range of adverbs and prepositions.

◆ **Speaking task**

Make a list of the new vocabulary you have learned and use it to write directions. Read out the directions and ask your partner to draw a map.

3.7 Travel and transport

Learning objective	Learning to pick out precise details
Grammar	Future and conditional tense

Getting an answer right can depend on understanding exact information. This means you will need to learn to pay careful attention to what you read. You may need to deal with negatives, modal verbs, tenses and adverbs.

◆ **Reading tasks**

Lisez le texte et complétez les activités.

Au cours des dernières décennies, les moyens de transport ont beaucoup évolué, en brisant toutes sortes de barrières, en améliorant la sécurité et en réduisant les temps de trajet. Mais quel type de moyen de transport allons-nous utiliser à l'avenir ? Dans cet article, nous examinons trois tendances qui pourraient complètement changer notre vision du voyage.

Les réacteurs dorsaux. Quand on pense aux réacteurs dorsaux, on les associe souvent aux films de science-fiction mais la vérité est que ce mode de transport pourrait très prochainement faire partie de notre quotidien. Au lieu de prendre son vélo ou sa voiture pour aller voir ses amis, on pourra bientôt mettre notre réacteur sur notre dos !

L'Hyperloop. Avec l'arrivée de la voiture et de l'avion, beaucoup pensaient que ce serait la fin du train. Cependant, l'arrivée des trains à grande vitesse et de modèles comme le train magnétique au Japon a donné une nouvelle vie à cette façon de voyager, plus confortable que les avions ou le bus, plus écologique et durable. Cependant, l'avenir du chemin de fer signifie peut-être un changement de nom. Il n'y aura plus de rails en fer, car ils provoquent beaucoup de frottements qui limitent les vitesses maximales possibles. Une idée populaire est l'Hyperloop, qui consiste à insérer les trains dans des tubes dans lesquels ils sont entraînés par la pression de l'air comprimé.

La voiture autonome. Mais, sans aucun doute, le moyen de transport le plus innovant que nous verrons dans les années à venir est la voiture sans conducteur. Ce véhicule nous permettra de voyager sans nous soucier de la fatigue, de la sécurité ou des erreurs humaines. À ce jour, plus de 120 expérimentations ont déjà été menées en France.

1 Corrigez les phrases suivantes.

Ex.: Les moyens de transport n'ont pas beaucoup évolué au cours des dernières décennies.

Les moyens de transport ont beaucoup évolué au cours des dernières décennies.

1 Les réacteurs dorsaux à usage personnel existent déjà.

....

2 Le premier train magnétique est né en Chine.

....

3 L'Hyperloop fait partie du passé.

....

4 Les rails en fer ne sont pas sur le point de disparaitre.

....

5 Les voitures autonomes ne sont pas encore testées en France.

....

2 Répondez aux questions en français.

1 Selon le texte, depuis quand est-ce que les transports ont beaucoup évolué ?

....

2 Qu'est-ce que les nouveaux modes de transport ont changé ? Donnez deux détails.

....

3 Selon le texte, quand pourrions-nous utiliser des réacteurs dorsaux pour nous déplacer ?

....

4 Pourquoi est-ce que le train magnétique est mieux que l'avion ? Donnez deux détails.

....

5 Pourquoi est-ce que les rails en fer ne sont pas très efficaces ?

....

6 Comment fonctionne l'Hyperloop ?

....

Top tip

When you write, aim to practise using more precise information whenever you can. If you get into the habit of writing this way, it will help you get marks for quality of language.

◆ Writing task

Which new means of transport do you think you would like to try? Write a short paragraph explaining why. Give as much detail as possible.

4 Studying and working

4.1 French schools

Learning objective	Dealing with comparisons
Grammar	Adjectives and comparatives

We often use comparatives in everyday language, so it is important to be able to understand how they work and how to manipulate them correctly.

◆ Listening tasks

1 Écoutez ce que disent Ben, Lucie et Youssef et prenez des notes sur ce qu'ils comparent.

Ben	le règlement avant et maintenant			
Lucie				
Youssef				

2 Réécoutez l'enregistrement et décidez si les affirmations sont vraies (**V**) ou fausses (**F**). Après, corrigez les affirmations qui sont fausses.

Ex.:	Ben préfère son nouveau directeur.	F
1	Ben préférait le règlement d'avant.	
2	Lucie pense qu'elle travaille mieux quand elle est toute seule.	
3	Les notes de Lucie sont meilleures cette année.	
4	Youssef se faisait plus de soucis l'année dernière par rapport au bac.	
5	Les copains de Youssef sont moins stressés que lui.	

Ex.: **Ben ne préfère pas son nouveau directeur./Ben préfère son ancien directeur.**

....

....

....

....

Top tip

Look out for comparatives and pay attention to what is being compared to what. Also, in questions and multiple-choice options, synonyms and negatives are widely used to test your comprehension skills and your understanding of comparatives.

◆ **Speaking task**

Work with a partner. First prepare answers to the following questions, using as many comparatives and superlatives as possible. Then, ask each other the questions.

1 Qu'est-ce que tu penses de ton établissement scolaire ?

2 Parle-moi de tes matières.

3 Que voudrais-tu changer dans ton établissement scolaire ?

4.2 Further education and training

Learning objective	Using your reading tasks to help you with your writing
Grammar	Expressions followed by the future tense

The aim of this unit is to help you use your reading tasks to improve your speaking skills. It is important to see how all the skills complement each other.

Where do I start?

Dans chaque réponse, il y a une erreur. <u>Soulignez</u> l'erreur et récrivez la phrase sur une feuille à part.

Ex.: J'ai envie de faire du bénévolat, <u>quand j'ai</u> seize ans. → *J'ai envie de faire du bénévolat, quand j'aurai seize ans.*

1 Dès que je termine mes examens, je serai soulagée.

2 Dans six mois, j'espère commence ma formation pour devenir électricien.

3 Mon frère est très stressé car il n'a pas encore décidé ce qu'il veut faire après le collège mais une fois qu'il choisit, il sera plus calme.

4 Quand ma sœur passe son bac, elle veut s'inscrire à la fac.

◆ **Reading tasks**

Lisez ce que Chloé et Tariq disent en ce qui concerne leurs projets d'avenir et complétez les activités.

Chloé. À mon avis, nous sommes trop jeunes pour vraiment savoir ce que <u>nous voulons faire après le lycée</u>. On nous demande de choisir ce qu'on fera dès qu'on aura fini notre bac, mais c'est assez difficile. Certains de mes amis savent déjà ce qu'ils ont envie de faire une fois leur bac en poche mais moi, je suis encore indécise. Ma meilleure amie, Belle, sait depuis longtemps que, quand elle aura 18 ans, elle prendra une année sabbatique avant de commencer ses études supérieures. Une fois qu'elle aura fait « son tour du monde », comme elle le dit souvent, elle a l'intention d'étudier le droit. Moi, je ne compte pas voyager après avoir passé mon bac. J'aimerais, au contraire, commencer tout de suite mes études supérieures.

Tariq. J'ai de la chance car mes parents ont toujours été très ouverts d'esprit en ce qui concerne mon avenir et ils m'ont toujours soutenu dans mes décisions. Depuis mon enfance, je sais qu'un jour je travaillerai dans un hôpital ou que je soignerai des gens. Ma sœur travaille pour la Croix-Rouge, mais je n'ai pas l'intention de faire comme elle. Une fois que j'aurai passé mes examens et que je les aurai réussis, je commencerai ma formation pour devenir infirmier. Pour intégrer l'institut de formation, il faut que je passe un concours et après, ma formation durera trois ans. J'ai hâte d'y être !

1   <u>Soulignez</u> toutes les expressions et tous les verbes qu'ils utilisent pour parler de l'avenir. Il y en a **20** y compris l'exemple.

2   Sur une feuille à part, traduisez les deux textes.

Top tip
It is important to use the language in your reading and listening tasks to improve your speaking and writing skills. It will bring variety to your French.

◆   **Writing task**

Write a paragraph to answer the questions below. Use the expressions and the verbs to express the future that you have read in the text above.

1   Qu'as-tu l'intention de faire l'année prochaine ?

2   Que penses-tu des métiers manuels ?

3   Considérerais-tu étudier à l'étranger ? Pourquoi ? Pourquoi pas ?

4.3   Future career plans

Learning objective	Listening to help you speak (1)
Grammar	Future and conditional tense

Listening in French is a great way of picking up new structures and vocabulary you did not know. You will also improve your pronunciation. The more you listen, the more you are exposed to new language or different ways of expressing yourself and, in turn, this informs your spoken French because you can use or adapt the French you hear.

Where do I start?

Sur une feuille à part, traduisez les phrases suivantes.

Ex.: Mes amis ont besoin d'aide avec leurs devoirs alors je les aide. → **My friends need help with their homework so I help them.**

1 J'aimerais avoir un petit boulot pour pouvoir gagner de l'argent.

2 Elle veut prendre une année sabbatique pour voyager autour du monde.

3 Bien que je sois très occupé, j'aimerais faire du bénévolat pour une association caritative.

4 Si j'avais plus de temps, je voudrais aider les sans-abri.

◆ **Listening tasks**

Écoutez l'enregistrement et complétez les activités.

1 Complétez le texte avec les mots qui manquent.

Après mes examens, je veux faire *une pause* parce que j'en ai ....

d'étudier. Prendre une année sabbatique .... une bonne

idée, mais .... ce que je voudrais faire. J'aimerais faire

...., mais je ne peux pas me le ....

parce que je n'ai pas d'.. . Je ....

un petit boulot mais il y a beaucoup de .... en ce moment

alors je ne pense pas que je trouverai quelque chose. .... que

je devrais me porter volontaire pour .... utile ? Ma cousine

fait du bénévolat dans une association caritative .... quelques

mois et .... qu'ils avaient besoin de plus de bénévoles.

.... on ne gagne pas d'argent ....

bénévole, je pense que les compétences que je pourrais ....

me seront .... très utiles à l'avenir et que l'expérience sera

.... positif sur mon CV.

2 Réécoutez l'enregistrement et soulignez les mots que vous trouverez difficiles à prononcer. Pratiquez ces mots avec votre partenaire. Après, avec votre partenaire, lisez le texte à voix haute.

Top tip

Don't be afraid to use structures, expressions and new words you come across in listening exercises or in class. Also try to imitate the accent, pronunciation and intonation of the speaker you hear.

◆ **Speaking task**

Make a list of any new vocabulary and try to speak about your future career plans using the new vocabulary.

4.4 Employment

Learning objective	How to deal with questions
Grammar	Use of interrogatives

Getting an answer right can depend on understanding how questions are used in French. You will need to know the interrogatives (question words) and recognise questions that do not have an interrogative.

◆ **Reading tasks**

Lisez le texte et complétez les activités.

Quatre questions sur le travail à l'avenir

1 Quels travailleurs les grandes entreprises devraient-elles embaucher ?

Pour rendre le monde du travail plus égal et utiliser les talents de chacun, les grandes entreprises doivent faire trois choses fondamentales :

- embaucher des travailleurs de milieux divers
- employer plus de femmes dans des rôles techniques ~~employ more women in technical jobs~~
- recruter des employés handicapés ~~recruit more handicapped employees~~

2 Comment les emplois changeront-ils à l'avenir ?

Il y aura de plus en plus de postes administratifs et de direction, notamment dans le domaine de l'informatique. Selon les experts, 100% des emplois changeront à l'avenir. Cela signifie que les jeunes d'aujourd'hui changeront probablement de carrière plusieurs fois au cours de leur vie professionnelle.

3 Pourquoi la technologie est-elle importante ?

L'intelligence artificielle devrait être essentielle dans le monde du travail de demain. Autrement dit, les machines feront non seulement ce que leur opérateur leur demandera, mais en plus elles réfléchiront de manière indépendante pour résoudre les problèmes. Les robots seront l'avenir, mais quelqu'un devra les concevoir et les programmer.

4 Le chômage sera-t-il toujours un problème ?

Investir dans la formation des jeunes et des chômeurs reste vital. Dans un monde du travail en constante évolution, l'important est de développer un large éventail d'aptitudes et de compétences. La flexibilité est la meilleure arme contre le chômage.

1 Faites correspondre chaque idée du tableau à une question du texte.

Changement de carrière	Des machines intelligentes	L'importance de bien se former	Des femmes dans des emplois techniques	La diversité des employés	Le travail dans l'administration
			1		

2 Relisez le texte et écrivez les questions correspondant aux réponses suivantes.

	Questions	Réponses
Ex.:	Pourquoi **les grandes entreprises doivent-elles embaucher des travailleurs de milieux divers ?**	pour rendre le monde plus égal
1	Quels	les postes administratifs et de direction
2	Que	100% des emplois changeront à l'avenir
3	Qui	les jeunes d'aujourd'hui
4	Comment	en réfléchissant de manière indépendante et en résolvant les problèmes
5	Comment	en investissant dans la formation des jeunes et des chômeurs

> **Top tip**
>
> When you write, aim to practise using questions whenever you can. They are a good way to show that you can use a range of language.

◆ **Writing task**

Write an article about jobs in the future. Use the text as a model, but try not to copy whole sections. Include questions.

4.5 Communication and technology at work

Learning objective	Listening to help you speak (2)
Grammar	Infinitive constructions

The aim of this unit is to help you further develop your listening skills and use the language you encounter to enhance speaking and improve your French pronunciation.

Where do I start?

Complétez le tableau. Classez les groupes de mots en fonction de la préposition qu'ils prennent (*de* ou *à*).

> *j'aime bien*   j'apprends   il est important   ça m'aide   ils veulent   ils m'encouragent
>
> il vaut mieux   ça me sert   je trouve qu'il est facile   il est interdit   on a besoin
>
> elle préfère

Verbes suivis par un infinitif	Verbes suivis par *de* + infinitif	Verbes suivis *par à* + infinitif
j'aime bien		

◆ Listening tasks

Écoutez Nathan et Farida puis complétez les activités.

1 Complétez les phrases.

Ex.: Le père de Nathan se sert des réseaux sociaux **pour** rester en contact avec ses clients.

1 Le père de Nathan veut .... ce qui se passe dans d'autres pays.

2 Pour le père de Nathan, il est important de ....

3 Le site Internet du père de Nathan lui sert à .... de nouveaux clients.

4 Farida vient d'... .

5 Avant l'entretien, Farida .... pour connaitre l'entreprise.

6 Selon les parents de Farida, il est préférable de .... pendant les vacances.

2 Réécoutez Nathan et Farida.

a Trouvez les expressions synonymes des expressions suivantes.

Ex.:	il faut qu'il utilise les réseaux sociaux	il a besoin des réseaux sociaux
1	il peut rester en contact	
2	il doit changer son site	
3	mes parents veulent que je cherche un travail	
4	il est plus important de travailler	
5	s'ennuyer/être inactif	
6	pour faire de la publicité	

b Maintenant, lisez les expressions à voix haute avec votre partenaire en vous concentrant sur votre prononciation.

> **Top tip**
> Always try to recycle words and structures you come across in listening to help improve the quality of your spoken French. Pay attention to how words are pronounced and imitate them as best you can. Try to repeat sentences aloud as often as you can to improve your pronunciation and fluency.

◆ Speaking task

Choose a job (e.g. lawyer, teacher, shop assistant) and think about all the different ways you could use technology to do that job. Prepare a 1-minute presentation and record it. Listen to yourself a few times and each time rerecord it and improve on the content, pronunciation and accuracy. Try to use some of the new expressions you covered in this unit.

5 The international perspective

5.1 International travel

Learning objective	Deducing the meaning of unfamilar vocabulary
Grammar	Subordinate clauses

Individual words can be a problem when you don't know them, but very often you can work out the meaning by looking at the whole sentence, thinking about categories of words, translating into your own language and making logical deductions. Does the word look like a word in your language? Does the grammatical form of the word help? What could it mean in the context of the words around it?

Where do I start?

Lisez les phrases et complétez le tableau.

1 Quand il va en Norvège, il s'y rend tout le temps en train.

2 Si nous avions le temps, nous irions peut-être visiter le Pakistan.

3 Pour leur anniversaire de mariage, ils partiront probablement en croisière sur un bateau de luxe.

4 Malheureusement, comme j'ai le mal des transports, je ne peux pas voyager en bus.

5 Ma tante habite dans un petit village en Inde mais elle doit souvent se rendre à Mumbai en voiture.

Adverbes	tout le temps				
Transports	en train				
Conjonction de subordination	quand				

◆ Reading tasks

Lisez les textes et complétez les activités.

> ## Voyager à l'étranger
>
>  **Alain.** Je suis chauffeur routier international et certains pensent que c'est un travail monotone. À mon avis, mon métier est polyvalent car on peut être en Allemagne, en Espagne et en Afrique du Nord dans la même semaine et je pense que c'est génial. Chaque jour, je vois un nouveau paysage, je rencontre de nouvelles personnes et je découvre une nouvelle culture presque chaque semaine. Je me sens libre au volant de mon camion. Partir à l'étranger fait partie de mon quotidien.

Julien. Je travaille dans une agence de voyages et je trouve cela très gratifiant car j'aide les gens à réaliser le voyage ou les vacances de leurs rêves. Les gens attendent toujours avec impatience leurs voyages à l'étranger et j'aime conseiller mes clients. J'ai aussi de la chance car j'ai assez souvent l'occasion de voyager. Je suis allé aux quatre coins du monde : j'ai visité de nombreux pays et j'ai rencontré des gens extraordinaires. Je n'envisage pas ma vie sans voyager.

Mélissa. Je suis pilote de ligne et je fais le tour du monde presque tous les jours. C'est étrange parce que, quand j'étais enfant, je ne prenais jamais l'avion. Ma famille n'est jamais allée à l'étranger et

nous passions nos vacances dans notre région. Quand j'étais à l'université, j'ai eu la chance d'étudier au Canada pendant trois mois et cela m'a totalement ouvert les yeux sur le monde. Depuis, je pars tous les jours à l'étranger. Voler n'est pas seulement mon gagne-pain, mais ça enrichit aussi ma vie.

1 Trouvez des synonymes pour les expressions suivantes dans les textes.

Ex.:	conducteur de camion	*chauffeur routier*
1	pas toujours le même	
2	ennuyeux	
3	en conduisant	
4	partout dans le monde	
5	je n'imagine pas	
6	pilote d'avion	
7	mon métier	

2 Qui dit ça ? Écrivez Alain (**A**), Julien (**J**) ou Mélissa (**M**).

Ex.:	My job isn't boring.	A
1	Foreign travel is part of my daily routine.	
2	I like advising my customers.	
3	I never went abroad when I was young.	
4	My job gives me a sense of freedom.	
5	I get to meet people.	
6	My first trip abroad changed my life.	
7	I help people fulfil their dreams.	

> **Top tip**
>
> When you see or hear a new word that you don't know, try to figure out its meaning by context and prior knowledge. When you come across a new word, aim to learn another word from the same family, a noun, a verb or an adjective.

◆ **Writing task**

Imagine you are a journalist. Write an article for a French blog about a foreign trip you would like to do as part of your job. Aim to write at least 150 words and use some of the vocabulary and sentence structures covered here to add range and interest.

5.2 Weather on holiday

Learning objective	Dealing with the need to draw inferences
Grammar	Talking about the weather

Not all questions are simple and factual and on many occasions you will have to work out the answer based on your overall understanding of the text or passage you hear. Inference questions are a common feature of examinations so you must get used to tackling these types of questions.

Where do I start?

Ce temps est-il normal ou extrême ? Remplissez le tableau avec les mots de la case.

| la pluie | une averse | une tempête de neige | la mousson | un orage | les nuages |
| la brume | une tornade | le gel | la canicule | la sécheresse | un ouragan |

Temps normal	Temps extrême
la pluie *les nuages* *un orage* *la brume*	*une tempête de neige* *un ouragan* *une tornade* *La mousson*

◆ Listening tasks

Écoutez Stéphane, Florine et Mamadou puis complétez les activités.

1 Remplissez le tableau avec les pays que Stéphane, Florine et Mamadou ont visités et le temps qu'il a fait pendant leur séjour.

Personne	Pays visité	Temps pendant le séjour
Stéphane	le Sénégal	
Florine		
Mamadou		

2 Réécoutez l'enregistrement et complétez les phrases avec les mots donnés. Attention, il y a des mots que vous n'utiliserez pas.

Ex : Stéphane dit qu'il n'a pas pu **supporter** la chaleur.

1 Selon Stéphane, il faudrait plus de .... au Sénégal.

2 Stéphane aurait aimé un temps .... pendant ses vacances.

3 Florine a .... le temps au début de ses vacances.

4 Pendant les vacances de Florine, le temps ....

5 Pendant les vacances de Mamadou, il a fait... .

6 Mamadou .... habitué au temps qu'il a eu en vacances.

supporter	a changé	moins chaud	pluie	apprécié	très chaud
n'est pas	moins froid	détesté	chaleur	s'est amélioré	est

Top tip

Don't expect or just rely on key words to help you answer questions. Listen carefully, use your prior knowledge and be aware of synonyms, inferences and other topic-related vocabulary. Inference questions are common and you need to use all your knowledge of grammar and vocabulary to help you answer them.

◆ **Speaking task**

Choose a holiday destination and prepare a 3-day weather report covering yesterday, today and tomorrow. Try to use as many types of weather you can.

5.3 Festivals and faiths

Learning objective	Learning to use processes of elimination to find answers
Grammar	Adjectives and tenses

By using a process of elimination, it is often quicker and easier to come to the correct answer than trying to work out the answer directly. This is often the case in more complex texts and questions.

Where do I start?

Complétez le tableau.

	French infinitive	English infinitive	First person French imperfect	First person French perfect
Ex.:	fêter	to celebrate	je fêtais	j'ai fêté
1	participer	to participate	je participe	j'ai participé
2	manger	to eat	je mangeais	j'ai mangé
3	rendre visite	to visit	je rendre visitais	j'ai visité
4	chanter	to sing	je chantais	j'ai chanté
5	prier		je prendu	j'ai pris
6	s'habiller	to live	je m'habille	j'ai habillé
7	danser	to dance	je donnai	j'ai dansé
8	donner	to give	je donnais	j'ai donné

◆ Reading tasks

Lisez les textes et complétez les activités.

1 **Pâques dans le monde.** La fête de Pâques est célébrée dans de nombreux pays dans le monde. Pâques commémore la mort et la résurrection du Christ, la plus importante fête du christianisme. Elle tombe à une date différente chaque année car elle dépend des cycles lunaires. Pâques est toujours célébrée le premier dimanche après la première pleine lune du printemps. Comme le calendrier lunaire est décisif chaque année, Pâques tombe fin mars ou en avril. Les processions de Pâques, qui sont colorées et animées, marquent le point culminant de Pâques.

2 **Norouz.** Norouz signifie "nouveau jour" en langue pashto et c'est le nom du Nouvel An et du Festival du Printemps. Cette fête est célébrée par les peuples iraniens et dans de nombreux pays qui ont des racines perses. Le festival a lieu au début du printemps, le 20 ou le 21 mars, et on le célèbre en musique et en couleur. La tradition veut que sept objets commençant par la lettre S en persan soient mis sur la table. De nos jours, cette tradition a peut-être un peu changé, mais pas le symbole. Hadji Firuz est une autre tradition de cette fête : Hadji Firuz est un personnage qui danse et chante dans les rues et qui distribue ses meilleurs vœux pour la nouvelle année.

3 **La fête nationale australienne.** La fête nationale officielle de l'Australie est célébrée chaque année le 26 janvier. Ce festival commémore l'arrivée et le débarquement des premiers européens le 26 janvier 1788. Cela marque le début de la colonisation européenne de l'Australie. La plupart des Australiens célèbrent cette fête avec des feux d'artifice, des barbecues sur la plage, des défilés et des évènements sportifs. Les célébrations les plus connues sont la grande fête du port de Sydney et le grand feu d'artifice de Perth. C'est un jour férié dans tous les États et territoires australiens. Ce jour-là, on remet aussi le prix de l'Australien ou de l'Australienne de l'année !

1 Lisez les textes. C'est vrai (**V**) ou c'est faux (**F**) ?

Ex.:	Pâques veut dire « nouveau jour » en persan.	F
1	Pâques se célèbre dans le monde chrétien.	
2	Pâques est toujours le même jour chaque année.	
3	Norouz est fêté le même jour que Pâques.	
4	La tradition perse des sept objets est toujours la même qu'avant.	
5	Hadji Firuz est un personnage associé au monde catholique.	
6	La fête nationale officielle de l'Australie est une fête religieuse.	
7	Pendant la fête nationale officielle de l'Australie, la plupart des Australiens ne travaillent pas.	

2 Travaillez avec un partenaire et remplissez le tableau avec des renseignements pour chaque fête.

Pâques	Norouz	La fête nationale officielle de l'Australie
Elle *est célébrée dans de nombreux pays dans le monde.*		

> **Top tip**
>
> Do not just rely on key words to help you answer questions. Read between the lines, look out for any clues, use prior knowledge and be aware of synonyms, inferences and other topic-related vocabulary. Above all, remember not only to try to find the right answers but also to exclude the wrong ones.

◆ **Writing task**

Research one of the festivals in this unit on line and then imagine that you took part. Write an account of what you saw and what you did. Look back at the verbs from the starter activity and try to use them in your writing. Aim to write at least 150 words in French.

5.4 International menus

Learning objective	Listening to help you speak (3)
Grammar	Using *on*

Listening to French is a great way to pick up structures, vocabulary and idioms. The more you listen, the more you are exposed to new language or different ways of expressing yourself. Each time you do a listening task, make a note of anything that you could use later when speaking (or writing) French.

◆ Listening tasks

Écoutez l'enregistrement et complétez les activités.

1 Qui dit ça ? Marie, Émeric ou Estelle ?

Ex.:	Avant, cette cuisine m'était méconnue.	Marie
1	Le climat et la cuisine me plaisent.	
2	Il y a des restaurants pour tous les budgets.	
3	On ne mange pas beaucoup de viande.	
4	On ne prépare pas la nourriture à l'avance.	
5	On voit beaucoup d'influences étrangères.	
6	Tous les jours, on peut manger quelque chose de nouveau.	

2 Réécoutez l'enregistrement, en faisant attention à la prononciation des expressions ci-dessous, puis lisez les expressions à voix haute avec votre partenaire.

je n'y connaissais rien	presque tous les repas
je dois avouer	tout est fraîchement préparé
pour tous les budgets	une grande variété de nourriture
de nombreuses influences	toutes sortes de plats
particulièrement caractérisés	cette variété me plait énormément

Top tip

Always try to recycle words and structures you come across in listening to help improve the quality of your spoken French. Pay attention to the way words are pronounced and try to imitate them as best you can. Also repeat sentences aloud as often as you can to improve both your pronunciation and fluency.

◆ Speaking task

Working with a friend, take it in turns asking and answering these questions. Make sure you give opinions and justifications for each one.

1 Quelles cuisines étrangères avez-vous déjà goutées ? Pourquoi ?

2 Quels plats étrangers vous plaisent le plus ? Pourquoi ?

3 Quelle cuisine aimeriez-vous goûter à l'avenir ? Pourquoi ?

4 Pourquoi est-il important de gouter d'autres cuisines ?

5.5 Environmental problems

Learning objective	Reading to help you write
Grammar	Modal verbs

Reading in French is a great way of picking up new structures, vocabulary and idioms you did not know. The more you read, the more you are exposed to new language or different ways of expressing yourself and this, in turn, informs your written work because you can use or adapt the French you read.

Where do I start?

Sur une feuille à part, traduisez les phrases suivantes dans votre langue.

Ex.: On pourrait tous faire beaucoup plus pour protéger l'environnement. → *We could all do far more for the environment.*

1 On dit que la pollution atmosphérique serait une des causes majeures des problèmes respiratoires.

2 Pour aider à lutter contre ces problèmes, je pense que je devrais devenir végétarien(ne).

3 On ne devrait pas conduire des voitures qui nuisent à l'environnement.

4 Ma famille pourrait réutiliser les produits en plastique.

5 Le gouvernement devrait soutenir plus d'initiatives environnementales.

◆ Reading tasks

Lisez les textes et complétez les activités.

Aïcha. Les forêts tropicales sont très importantes et je trouve la déforestation alarmante. Les arbres stockent beaucoup de CO_2 mais une trop grande partie s'échappe dans l'atmosphère à cause de la déforestation. Les forêts tropicales ont un cycle d'eau parfait. Cette destruction provoque des inondations et une dégradation des sols. Les déserts vont s'étendre. La destruction mondiale augmente, mais nous pouvons aider les forêts tropicales. Voici mes conseils :

- On pourrait réutiliser plusieurs fois le papier et le carton.

- Nous devrions réduire notre consommation de viande et acheter de la viande biologique.

- Chacun de nous devrait favoriser l'achat de produits locaux et saisonniers.

- On devrait essayer d'utiliser notre voiture moins souvent et privilégier la marche.

- On pourrait éviter les produits jetables et utiliser des sacs en tissu.

- Il faudrait réduire notre consommation d'électricité et de chauffage.

- Nous pourrions tous lancer des campagnes environnementales locales et passer à l'action.

Manuel. À mon avis, on exagère les informations sur l'environnement. Notre planète n'est pas en train de s'éteindre et je pense que le changement climatique est tout à fait normal. Le réchauffement et le refroidissement de la terre sont un processus naturel et cyclique. Dans le passé, il y avait des forêts tropicales humides en Allemagne, puis l'Europe a connu une époque de glaciation et maintenant le climat est redevenu plus doux.

La Terre a toujours eu des conditions climatiques changeantes et le climat oscille toujours entre agréable et froid, humide et sec. Le niveau de la mer descend puis remonte. De nos jours, nous n'avons pas de changement brusque de climat mais un développement normal de l'atmosphère. Il me semble qu'il est impossible de lutter contre le changement climatique.

Olivia. Le changement climatique est une réalité et il affecte toutes les régions du monde. Les calottes polaires sont en train de fondre et le niveau de la mer monte. Dans de nombreuses régions du monde, des phénomènes météorologiques extrêmes et l'augmentation des précipitations se produisent plus fréquemment.

Les canicules et les sécheresses s'intensifient et les déserts s'agrandissent. De nombreux pays d'Europe souffrent d'incendies de forêt parce que les températures moyennes mondiales continuent d'augmenter. Certaines plantes et certaines espèces animales sont menacées d'extinction.

1 Complétez les phrases suivantes en trouvant la traduction des mots entre parenthèses dans les textes ci-dessus.

1 Aïcha pense que la (*deforestation*) **déforestation** des (*rainforests*) .... est alarmante car elles (*store*) .... beaucoup de CO_2.

2 Cette (*destruction*) .... est responsable des (*floods*) .... ou des (*droughts*) ....

3 Selon Aïcha tout le monde devrait (*favour*) .... les produits régionaux.

4 Selon Manuel, tout est (*exaggerated*) .... et il pense que (*climate change*) .... est tout à fait normal.

5 Manuel pense que le (*warming*) .... et le (*cooling*) .... de la terre sont un (*process*) .... naturel.

6 Les glaciers (*are melting*) ...., le niveau de la mer (*is rising*) .... et les déserts (*are expanding*) ....

2 Trouvez les traductions dans les textes.

Ex.:	to recycle/reuse paper	réutiliser plusieurs fois le papier
1	to reduce meat consumption	
2	organise/launch environmental events	
3	fluctuating climate conditions	
4	climate keeps changing	
5	impossible to fight	
6	it is a reality	
7	extreme weather phenomena	
8	the increase of rainfalls	

Top tip

Don't be afraid to use structures, expressions and new words you come across in texts. However, try not to lift whole chunks of text but rather aim to select key parts that you can use in your own work.

◆ Writing task

What climate changes have there been in your country? Write an article for an online climate action group about the changes you have seen and what you would do to reverse them. You can use as many expressions or items of vocabulary from this unit as you wish in your work.

Develop language mastery with targeted skills activities that support and go beyond the textbook.

Written for the Cambridge IGCSE™ French syllabus, this workbook will enable you to:

» Explore engaging reading and listening extracts, covering every topic in the syllabus — with 28 audio passages online, plus 28 reading passages.

» Develop your understanding through activities designed to improve specific reading and listening skills.

» Build your confidence ahead of assessment with activities that help you understand how to approach different question types.

» Improve your language skills at your own pace, with extracts split into two sections depending on their difficulty level.

» Keep track of your progress as you work through clear skills development objectives and check your work against the answers supplied online.

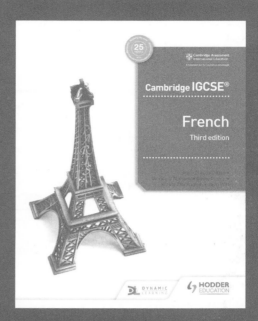

Use with *Cambridge IGCSE™ French (Third edition)*

9781510447554

This text has not been through the Cambridge Assessment International Education endorsement process.

For over 25 years we have been trusted by Cambridge schools around the world to provide quality support for teaching and learning. For this reason we have been selected by Cambridge Assessment International Education as an official publisher of endorsed material for their syllabuses.

www.hodder education.com

WORLD
LAND
TRUST™

www.carbonbalancedprint.com
CBP2250

ISBN 978-1-3983-2941-6

9 781398 329416

MIX
Paper from
responsible sources
FSC™ C104740